VALENTINE DE LAMARTINE

VALENTINE DE CESSIAT
Fille adoptive d'A. de Lamartine.

Mme M.-Th. ÉMILE OLLIVIER

VALENTINE DE LAMARTINE

PARIS
LIBRAIRIE HACHETTE ET Cie
79, BOULEVARD SAINT-GERMAIN, 79

1908

A

Geneviève et Jocelyn-Emile OLLIVIER

A vous, mes enfants chéris, cette histoire d'un ami de votre père et d'une amie de votre mère. Vous y verrez que la vraie grandeur sait allier aux vastes facultés de l'esprit la bonté et la douce science d'aimer.

Marie-Thérèse OLLIVIER.

Valentine de Lamartine

SOUVENIRS INTIMES

Ses dernières années furent amères. Rappellerai-je, à l'âge du repos, le labeur incessant pour le pain et non pour la gloire, les amis plus rares, le seuil franchi moins souvent, la demeure autrefois si animée devenue froide ? Je préfère donner un souvenir reconnaissant à la fille d'adoption qui, lueur bénie, a veillé, jusqu'à la fin, auprès du grand homme malheureux. « Sans le dévouement d'une nièce chérie, a-t-il écrit, je serais seul ! »

(Émile Ollivier, *Éloge de Lamartine.*)

I

La femme d'élite que nous avons connue et aimée sous ce nom n'était que la nièce du poète. Eût-elle été sa fille, elle ne lui eût pas inspiré une tendresse paternelle plus passionnée que celle qu'il lui témoigna presque de tout temps : « Je nomme et institue pour ma légataire universelle et unique héritière de tous mes biens meubles et immeubles, Mlle Marie-Gabrielle-Valentine de Glans de Cessiat, ma nièce, chérie par nous comme notre propre fille », disait-il dans un testament daté du 30 novembre 1853. Et encore : « J'institue pour ma légataire universelle ma nièce chérie, qui a eu pour moi les sentiments de ma propre fille, Mlle Marie-Gabrielle-Valentine de Glans de Cessiat, qui réside chez moi » (testament du 1er février 1858). Dans les dernières années de sa vie, après lui avoir obtenu de Bavière un titre de chanoinesse, il l'adopta formellement et lui donna devant tous le droit de continuer le nom qu'elle avait, pendant de si nombreuses années, entouré d'un culte filial.

Valentine-Marie-Gabrielle de Glans de Cessiat était la troisième enfant de cette sœur de Lamartine dont le poète a dit :

« L'aînée des filles de ma mère s'appelait Cécile. Sa taille splendide eut été au niveau de celle de ma mère si l'extrême modestie de sa nature, qui lui faisait redouter l'admiration comme un autre redoute la honte, n'avait un peu penché sa tète en avant et abaissé ses yeux pour échapper aux regards. Ses traits, qui rappelaient ceux de la famille de mon père, étaient plus ébauchés que finis, plus faits pour le premier coup d'œil que pour le second. C'était l'ensemble qui saisissait, c'étaient les grandes lignes qui éblouissaient. Je ne sais dans quel rayonnement de splendeur douce cette physionomie nageait, mais on n'en discernait que le charme. Les imperfections de détail disparaissaient entièrement, surtout à distance. Elle avait la grandeur, l'unité, la grâce, ces trois beautés capitales de la femme, pour la foule qui n'analyse pas son impression. »

Ce portrait pouvait peindre en tous ses traits la fille de Cécile. Grande aussi, presque trop grande, mais d'une grandeur rendue très féminine et très légère, par l'élégance exquise de la taille, les proportions harmonieuses du buste, la souplesse du cou, la noblesse de la tête et la svelte majesté de la démarche, elle inspira à son oncle ces vers connus :

Un éblouissement de jeunesse et de grâce
Fascine le regard où son charme est resté ;
Quand elle fait un pas, on dirait que l'espace
S'éclaire et s'agrandit pour tant de majesté.

En elle aussi les incorrections de détail ne manquaient pas à l'ensemble éblouissant. Les yeux allongés, d'un velours noir, pleins de langueur et d'étincelles, se découpaient, surmontés de magnifiques sourcils, dans un teint délicat et pur, mais le nez busqué, aux narines d'un cheval de race, se rattachait au front par une ligne peu classique ; la bouche était trop grande. Valentine prétendait en riant que quand elle faisait la lecture à son oncle, elle sentait dans ses oreilles le vent de ses paroles. Cette bouche qui, cependant, n'était point fendue jusqu'aux oreilles, était en réalité loin d'être disgracieuse : d'un beau dessin, avec des dents éclatantes, un sourire fin, une expression parfois un peu hautaine et railleuse, elle n'ôtait rien à cette physionomie piquante, fière et charmante de son « rayonnement de splendeur douce ».

Élégante, spirituelle, grande dame, elle n'était pas humble comme sa mère. Avec une satisfaction pour ainsi dire impersonnelle, elle s'offrait, sans vanité comme sans fausse modestie, aux hommages que lui attiraient sa beauté et son nom, surtout quand sa beauté devint la lumière de la retraite assombrie du génie, et que son nom, associé aux vicissitudes plus qu'aux gloires, fut celui de Lamartine.

II

Élevé dans une vie de famille patriarcale, Lamartine en a gardé toute sa vie l'amour et le respect. Chaque année, il passait l'été, tantôt à Saint-Point, tantôt à Montceau, tantôt à Mâcon, entouré d'un essaim de sœurs, de beaux-frères, de nièces, de neveux, qui, avec les visiteurs amis, animaient ses demeures d'une population joyeuse. Ses jours les plus heureux ont été ceux qu'il passa ainsi, près de sa femme et de sa fille, sous l'égide de sa mère.

Cette mère, aussi grande par la vertu que son fils l'est par le génie lui inspirait une véritable adoration. Enfant il ne pouvait l'embrasser sans pâlir de bonheur. Elle l'avait enveloppé d'une plénitude de tendresse sous laquelle, comme sous une rosée divine, avaient fleuri les plus beaux dons de son âme ; elle avait couvert de son indulgence miséricordieuse, soutenue par une divination supérieure, les effervescences d'une âme impatiente d'embrasser le monde; elle l'avait protégé contre les sévérités étroites des grands-parents, aidé par des sacrifices pécuniaires, immenses pour les pauvres ressources du foyer, à franchir les barrières matérielles qui emprisonnaient sa jeunesse. Pour payer ses dettes, pour faciliter ses beaux voyages, elle avait vendu un à un ses plus précieux bijoux. Enfin, avec une sollicitude ingénieuse, elle couvrait les erreurs, même très innocentes, qui échappaient à l'exubérance d'une imagination de poète et trahissaient parfois la réalité. On sait l'histoire du lierre et des arbres qu'elle fit planter aussitôt qu'elle les eut vus décrits par lui là où ils n'existaient pas. « J'ai planté ces arbres, dit-elle dans son journal [1], j'ai semé moi-même ces lierres au nord de la maison *pour que mon fils ne mentît pas*, même dans ses vers, quand il décrit Milly dans ses *Harmonies*. »

Sa beauté d'autrefois refleurissait jeune et brillante dans les traits de Julia, la fille de son fils. Ses luxuriantes boucles blondes, son regard d'azur lumineux, son intrépidité souriante, sa grâce en faisaient bien la fille d'un poète. « C'est véritablement moi à son âge. Que je m'aime en cette belle enfant [2] ! » écrivait la grand'mère attendrie. Et Lamartine a chanté :

Son image de l'œil ne pouvait s'effacer
Partout à son rayon sa trace était suivie,
Et, sans se retourner pour me porter envie
Nul père ne la vit passer.

. . . .

C'était plus : de ma mère, hélas ! c'était l'image.
Son regard par ses yeux semblait me revenir,
Par elle mon passé renaissait avenir...

1-2. Manuscrit de ma mère.

Entre l'aïeule auguste et la petite-fille « ravissante de caractère et d'âme, adorable de sensibilité et de tendresse[1] » l'épouse Marianne, fille aussi pour l'aïeule, mère tendre pour l'enfant, répandait la chaleur de son inépuisable bonté. Elle n'égalait sa belle-mère ni par l'éclat de sa beauté ni par la suavité de l'intelligence, mais elle avait apporté au foyer des trésors d'admiration fervente et de dévouement, et il l'aimait d'une affection sincère, sérieuse, haute, pleine de gratitude, sentant profondément combien elle était pour lui.

L'abri dans la tourmente où l'arbre du poète
Dans un ciel déjà sombre obscurément végète[2].

Ce faisceau de bonheur fut brisé par la mort de Mme de Lamartine mère, puis celle de Julia. Lamartine l'avait emmenée en Orient. Mgr Losana, notre ami, qui s'y

1. Lamartine.

2. Dédicace de Jocelyn : *A Maria-Anna-Elīza.*

trouvait en même temps nous a souvent raconté l'ineffaçable impression que lui avait laissée son apparition. Hélas ! le vent du désert lui fut trop rude ; son père apprit que « ce ne sont pas seulement les jeunes filles nées en Israël, qui, parfois passent avant le soir ». C'est dans un cercueil qu'elle fut ramenée à Saint-Point.

Tant qu'elle avait vécu, son père n'avait accordé d'attention spéciale à aucune de ses nombreuses nièces. Elle suffisait à remplir sa vie. Elle était « son matin, son jour et sa nuit ». Mais maintenant, dans la maison vide et désolée, l'infortuné père voulut rapprocher de lui les jeunes affections qui restaient encore à la portée de son cœur, demanda à sa sœur, Mme de Cessiat, de lui prêter, durant ses séjours à Paris, où il n'avait pas de cercle de famille, l'une ou l'autre de ses filles.

Les deux aînées mariées, Alix à M. de Pierreclos, Célénie à M. de Belleroche.

étaient déjà retenues chez elles par les devoirs domestiques. Restaient Valentine et ses deux petites sœurs jumelles, Alphonsine et Cécile. Ces dernières, âgées de dix à onze ans, furent d'abord choisies pour accompagner l'oncle et la tante. Gracieuses, jolies, espiègles, elles étaient ravies de vivre dans l'orbite de cet oncle qu'elles aimaient, et qui, au milieu des enivrements de sa gloire, trouvait encore le loisir d'être bon et affectueux. Elles se plaisaient moins sous la tutelle de leur tante. L'excellente Maria-Anna-Eliza sans abandon, sans charme, inspirait dans la famille l'estime et le respect, la gratitude, non l'attrait. Ses manières et ses manies britanniques, son inoffensive préoccupation de ses attraits absents, excitaient les railleries plus ou moins contenues des petites filles. Son nez surtout, volumineux et empourpré, qui faisait son désespoir, faisait leur joie ; elle l'oignait sans cesse d'onguents, de liniments qui ne réussissaient qu'à le rendre plus gros et plus rouge, et c'était une source inépuisable de gaieté pour l'âge sans pitié. La noble femme, si digne de vénération pour sa haute vertu, ses malheurs et son inépuisable dévouement, ressentait plus qu'il n'aurait fallu ces irrévérences juvéniles et en manifestait son dépit par toutes les petites sévérités que lui permettait l'indulgence facile de l'oncle.

Sans doute aussi, la malheureuse mère, naguère si cruellement frappéee, voyait avec une secrète et douloureuse jalousie la place de l'enfant qui n'était plus, et qu'elle aurait voulu toujours garder vide, occupée par les enfants d'une autre ; et ce regret la disposait à de moins tendres complaisances. « Elle aimait les enfants de sa famille, a dit un de ses familiers, mais sans leur sourire. »

Quoi qu'il en fût, sa soumission aux désirs de son mari, son zèle à les satisfaire l'empêchèrent de rebuter les filles de Cécile.

Elle les installa sous son toit, les traita en enfants de la maison, en ne leur ménageant ni les leçons, ni les devoirs, ni les professeurs, ni les réprimandes, et en les astreignant à la discipline de la *nursery* anglaise. Les petites la redoutaient « comme le feu ». Elles menaient sous ce luxe de sollicitude, une vie maussade. Leur distraction était de faire des visites avec leur tante ou d'accompagner leur oncle et ses chiens dans ses promenades. Tous les jours, après le dîner qui avait lieu à six heures, jusqu'à l'arrivée des visiteurs qui venaient chaque soir, elles faisaient à haute voix quelque lecture très grave, le plus souvent au-dessus de leur entendement, après quoi on les envoyait coucher. Elles prirent part, de cette façon peu mouvementée, à la vie parisienne de M. et Mme de Lamartine, de 1835 à 1840. Cette dernière année, elles déclarèrent à leur mère qu'elles préféraient leur vie de province et obtinrent de rester à Mâcon.

III

Valentine ne devait pas encore les remplacer. Ses dix-neuf ans la retenaient près de sa mère qui voulait la marier dans son voisinage. Avec quelle joie pourtant elle eût échangé toutes les fêtes de Mâcon pour l'existence même la plus monotone auprès de son oncle !

Née l'année où parurent les *Méditations*, il semblait qu'un rayon mystérieux de la poésie céleste eût pénétré à son éveil cette jeune âme où frémissaient les nobles aspirations, les hauts enthousiasmes. Dès qu'elle avait su penser, elle avait ressenti pour le frère de sa mère une ferveur d'admiration et devant lui sa beauté, animée par l'enthousiasme, prenait un attrait plus pénétrant. Vite elle devint sa préférée. Il revoyait en elle, plus encore peut-être qu'en Julia, puisque Valentine était brune comme sa grand'mère, cette ressemblance avec des traits vénérés qui lui était si chère. Il retrouvait surtout cette compréhension parfaite de son génie, cet élan simultané du cœur et de l'intelligence, qui font l'affection si complète et si féconde, et que, deux fois déjà, il avait eu la rare félicité de rencontrer, en sa mère d'abord, puis en la belle mourante du *Crucifix*.

Pendant les villégiatures de Saint-Point, de Milly, de Montceau, dans les années où Lamartine traversa des douleurs intimes dans les années triomphantes où ses succès littéraires et ses ovations politiques le portèrent d'apothéoses en apothéoses jusqu'au faîte qu'il devait atteindre une heure, le culte de la jeune fille grandit à mesure qu'elle grandissait elle-même, ému par les épreuves, exalté par les triomphes, ébloui aussi par cette existence fastueuse, où, simple et rustique pour lui-même, le poète offrait son hospitalité à tant d'amis et recevait des hommages de tant de pays.

On ne peut se figurer, m'ont dit ceux qui ont eu la fortune d'en pouvoir juger, de quel prestige incomparable rayonnait, dans l'abandon de la vie des champs, de cet homme plus semblable à un dieu qu'à un mortel. Sa noble cordialité, aussi magnifique que familière, sa verve sublime ou gaie, toujours prête à jaillir, sa poésie qui embellissait tout, et sortait de son âme comme le souffle sortait de ses lèvres, sa bonté inépuisable, que n'altérait jamais un mouvement de colère, de malveillance ou de malignité, faisaient de son commerce quotidien un enchantement. D'une grâce aussi exquise envers les humbles et les pauvres qu'envers les illustres et les puissants, il se faisait adorer des plus rudes paysans qui ne l'appelaient que « Monsieur Alphonse » et à qui il ne disait que « mon ami ». Les bêtes elles-mêmes, objet de son attention amicale, l'aimaient, et l'on respirait autour de lui une atmosphère de lumière et d'affection telle que peu d'hommes en ont été enveloppés.

« Ce monde, a-t-il écrit, est un océan de sympathies dont nous ne buvons qu'une goutte quand nous pourrions en absorber des torrents. Depuis le cheval et le chien jusqu'à l'oiseau, et depuis l'oiseau jusqu'à l'insecte, nous négligeons des milliers d'amis. Vous savez que moi je ne néglige pas ces amitiés. J'ai des relations et des sentiments partout. Honni soit qui mal y pense ! je suis comme le vicaire de Goldsmith : j'aime à aimer ! » Comment cet *aimant*, qui savait si bien répandre ses tendresses sur toutes les créatures de Dieu, n'aurait-il pas été lui-même aimé avec adoration ?

Avec des transports de reconnaissance

Valentine acueillait les marques toujours croissantes de tendresse et de confiance qu'il lui prodiguait, tandis qu'elle habitait sous son toit à Saint-Point, ou qu'elle était sa voisine à Collonges, près Montceau, chez Mme de Cessiat. Fière de le distraire ou de lui être utile, elle l'accompagnait dans ses promenades, dans son cabinet de travail, lui servant de copiste, lui faisant la lecture, s'associant à toutes les pensées, à tous les soucis, à toutes les émotions, à toutes les joies, dont il lui faisait la confidence comme à une amie, comme à une fille.

Jamais, sauf à de courts moments où il employa quelques amis intimes, Lamartine n'eut d'autres secrétaires que sa femme et sa nièce. La première manquait cependant de la qualité essentielle du copiste, elle avait une mauvaise écriture, rappelant, de loin, en laid, celle de son mari, tandis que Valentine, au contraire, imitait, à s'y méprendre, l'écriture de son oncle. Elle avait si parfaitement saisi cette calligraphie élégante, féminine, ailée, rythmée, qu'aujourd'hui, entre les manuscrits du poète et les copies de la nièce, il est à peu près impossible de marquer une différence. Les habitués eux-mêmes s'y trompaient. « Je suis troublée, écrit-elle un jour à l'un d'eux, en pensant que vous avez, en ouvrant cette lettre, une désagréable déception. Pardonnez à mon écriture sa ressemblance... »

Ce n'était pas seulement par là que Valentine, non sans un secret orgueil, sentait plus de communion d'esprit entre elle et son oncle qu'entre celui-ci et sa femme. Mme de Lamartine, qui sut si noblement se dévouer à l'homme, comprit beaucoup moins le génie. D'un esprit élevé et droit, mais médiocre et encombré de préjugés exotiques, sa pruderie littéraire blâmait les hardiesses de pensée ou de forme. « Elle voulait, a dit un de ses amis, à tout prix vêtir Ève en dépit de la Bible. Le nu lui portait sur les nerfs.[1] » Contenues d'abord

1. Une page des *Souvenirs* de Charles Alexandre, un des amis de la maison nous édifiera tout à fait : « ...Mme de Lamartine veille à l'édition, corrige, revoit les épreuves de ces quarante volumes (l'édition de 1861-1862, in-8°). Elle me convie au labeur. Un livre surtout la tourmente et la trouble, *la Chute d'un Ange, ce terrible poème*, comme elle l'appelle. Les orgies des géants la révoltent, toute cette peinture d'un monde antédiluvien, ces bacchanales colossales si confirmées par la Bible et l'histoire, qui légitiment le châtiment du déluge la révoltent. Poussée par un mystérieux critique, qu'elle appelle *le Grammairien*, ardent à supprimer tout le poème, elle m'écrit presque chaque jour ses scrupules, ses critiques : elle me supplie de corriger des rimes trop nues, d'effacer les mots *nudité* et *volupté* qui choquent sa pudeur anglaise ; de voiler Daïdha ; j'ai beau défendre ces mots si en situation : elle me force à trouver des rimes chastes. Elle fait plus : dans son zèle destructeur, elle veut supprimer des passages entiers, les descriptions sensuelles des *Douzième, Treizième* et *Quatorzième Visions*. Nous faisons un massacre : nous abattons des centainesde vers dans cette forêt vierge de *la Chute d'un Ange*. « *Lamartine ignore le crime* ; elle m'a supplié de garder le secret. Je suis son complice d'épuration, en protestant, en défendant le droit de cette poésie antédiluvienne. Elle tient à saigner, à purifier ce poème sensuel : elle m'écrit qu'il fait croire à un *blasé* dans le poète, lui qui est si plein de jeunesse et de fraîcheur ! Sa religion lui commande la conversion du poème ; elle travaille au salut du génie. *Lamartine*

dans les limites d'une critique timide mais obstinée, ses objections devinrent avec l'âge plus impérieuses. On a vu jusqu'où elles pouvaient aller lorsque, en corrigeant une des dernières éditions des œuvres du poète, où elle supprima tant qu'elle put tous les passages *schocking*, elle remplaça ce vers passionné du *Lac* :

> Tout dise : Ils ont aimé !

par ce vers innocent :

> Tout dise : Ils ont passé !

Lamartine, quand il s'apercevait de ces exécutions, en prenait son parti avec une indulgence patiente. Son respect pour la fidèle compagne dont il reconnaissait avec gratitude, même dans les maladresses, l'intention dévouée, était infini. « C'était su-

ne se doute de rien; il laisse faire, ne s'aperçoit pas des vides : ce Samson de la poésie laisse sa pieuse Dalila lui couper sa chevelure ». (Cité par M. Ascoli dans la *Revue latine* du 25 novembre 1907.)

perbe hier au soir, écrit-il à M. Dargaud en lui envoyant un de ses articles, je le gâte ce matin pour obéir à ma femme. »

Valentine cependant frémissait. Quelles profanations pour elle, qui admirait jusqu'à la moindre virgule, et qui, par affinité de race et parenté d'âme, devinait et s'assimilait, dès les premières syllabes, l'inspiration sacrée ! Mais elle se gardait d'en rien témoigner. Elle ne voulait pas se voir fermer la porte du sanctuaire où elle savourait les plus hautes joies. Au contraire, elle redoublait de complaisances et d'empressements envers sa tante, et réussissait à lui devenir indispensable. C'était elle qui accompagnait Mme de Lamartine dans ses visites, elle qui la secondait dans son atelier de peinture où toutes deux peignaient à force pendant des heures, la tante d'une main pesante, la nièce avec un goût et un art ravissants.

IV

La récompense à ces abnégations méritoires lui était donnée avec largesse par son oncle.

Comme autrefois Julia, elle lui inspira, gloire délicieuse ! des pièces de vers. Le volume des *Recueillements* en donne une, la *Fleur des eaux*, qui lui est dédiée, et plusieurs autres, antidatées par erreur ou sans date, qui ne lui appartiennent pas moins. Elle, cependant, lui racontait ses peines, les mélancolies de son horizon de province, ses aspirations non satisfaites d'artiste, le vide de son cœur qu'aucune occupation à son goût ne pouvait remplir, le trouble vague, enfin, d'une âme en quête

> De ce bien inconnu que toute âme désire
> Et qui n'a pas de nom au terrestre séjour.

Monotone et pathétique histoire de la femme qui doit s'astreindre aux labeurs de Marthe, tandis qu'elle préfère la part de Marie et voudrait passer sa vie à écouter le Seigneur.

Ce qu'elle lui disait, ce qu'elle lui répétait surtout, c'est son désir de l'entendre, de le voir, d'entrer dans sa vie plus complètement, en l'accompagnant à Paris, sur ce théâtre de ses succès et surtout de ses combats. Mais sa mère ne lui permettait pas encore ce rêve, et la Providence lui réservait la faveur de ne l'accomplir qu'aux heures douloureuses.

Une fois cependant, en 1843, Mme de Lamartine persuada à sa belle-sœur de l'accompagner avec Valentine pour quelques semaines dans la capitale, où elle allait régler certaines affaires avec des éditeurs. Mais Lamartine, cloué sur son lit de misère par une de ces crises rhumatismales dont il a si constamment souffert, ne quitta point

Montceau, et le plaisir de sa nièce fut bien incomplet, bien différent de celui qu'elle souhaitait.

Elle l'eut tout entier, intense, supérieur même à son rêve, deux ans après, quand son oncle bien-aimé, dont l'escarcelle regorgeait momentanément d'or par la vente anticipée de l'*Histoire des Girondins*, organisa avec elle, ses sœurs et sa mère, un séjour à Ischia et une excursion dans la péninsule italienne.

De quels enivrements fut rempli pour la jeune enthousiaste ce voyage où, en débarquant sur le rivage de Graziella, la première musique qu'entendirent les voyageurs fut une strophe de Lamartine chantée par une signora inconnue [1]. La beauté grandiose du paysage, l'immensité de la mer que les jeunes filles contemplaient pour la première fois, les souvenirs roma-

1. La belle Mme Capecelatro.

nesques de la jeunesse du poète, ressuscités, revécus par lui avec ce renouveau d'imagination qu'il connut jusqu'à ses derniers jours, les harmonies d'une nature radieuse qu'il savait traduire et noter comme s'il eût été une de ses voix, l'éclosion des pages exquises du récit des *Confidences* et des pages éloquentes des derniers volumes des *Girondins*, autant de fêtes inoubliables pour les yeux et l'esprit.

Après un grand mois à Ischia, on s'arrêta quelques jours à Naples, et, de là, en poste, avec deux voitures et un courrier, on remonta, en longeant l'Adriatique, jusqu'à Venise et les villes de la Lombardie, puis on gagna Genève par le Simplon et on ne rentra à Montceau que dans les derniers jours d'octobre.

L'année suivante, la même troupe, composée de l'oncle, de la tante, des trois nièces et de trois domestiques, se rendait à

Néris. Une vieille dame de mes amies, qui se trouvait dans le même temps à ces Eaux, m'a raconté qu'un jour, Lamartine se promenant dans le jardin, une belle personne très élégante se précipita à ses pieds dans la poussière, lui prit la main et la baisa. Ce n'était point démence, ce n'était point passion, c'était simplement amour des beaux vers. La colonie bourgeoise des Bains en fut violemment scandalisée, d'autant plus que le poète et sa famille, accoutumés à ces témoignages de l'admiration féminine, ne s'en montrèrent que peu surpris. Que n'avaient-ils pas vu en ce genre? Que ne voyaient-ils pas encore? Sainte-Beuve a raconté à M. Émile Ollivier que, vers cette même époque, dans un dîner, une jeune femme apprenant qu'elle était à côté de l'auteur de *Jocelyn,* s'évanouit de bonheur. M. Laisné [1] en cite une autre qui, en état

1. *Lettres à Lamartine.*

de sommeil magnétique, récitait toutes les œuvres poétiques de Lamartine, incapable de se remémorer un seul vers d'aucun autre. « Quand j'étais jeune fille, m'a dit l'impératrice Eugénie, j'étais si passionnée pour la poésie de Lamartine que, dans mes promenades, je jetais à tous les arbres, à tous les échos, ses vers et son nom. »

Valentine expia un peu ces immenses bonheurs par un séjour à Vichy, en 1846, avec sa tante seule. Elle était toujours, déférente et attentive envers celle-ci. Mais, en réalité, le seul sentiment qui unissait alors la tante et les nièces était leur culte commun pour le dieu du foyer. Lui aurait voulu plus de tendresse mutuelle, cependant il jouissait délicieusement, de ce concert d'adoration et de plus en plus se plaisait à en être entouré. « Tout va bien à Montceau, écrivait-il l'automne de cette même année, j'ai mes nièces chéries à deux pas d'ici. »

V

En 1848, quand la mêlée révolutionnaire l'emporte dans des agitations et des périls que son courage domine toujours, c'est à « ses nièces chéries » qu'il raconte les émotions à la fois terribles et enivrantes qui font battre son cœur de héros, car le poète en lui était doublé d'un soldat, et il avait tous les signes de Mars, comme l'a dit un chiromancien célèbre [1]. Il leur écrit la lettre suivante toute fumante de la bataille, palpitante des plus généreuses vaillances, illuminée d'illusions magnifiques, persuadé qu'il va fonder, lui, tout seul, à travers les

1. Desbarolles.

plus affreux dangers, cette République de Salente qu'un autre poète avait rêvée, et que Lamartine eût sans nul doute fondée, si la parole de l'Évangile : *Beati mites, quia possidebunt terram*, se vérifiait dans les affaires de ce monde.

« Paris, 27 février.

« Je dérobe une minute à la *patrie* pour vous dire tendresse, souvenirs, pensée de vous, même au milieu du feu et des balles et de l'enthousiasme fanatique et double de la République que je fonde et de l'ordre que je sauve.

« Ah ! quels jours et quelles nuits je viens de passer ! les pieds dans le sang, parlant à la lettre sur les corps morts, des milliers de piques, sabres, baïonnettes, fusils chargés sans cesse dirigés contre ma poitrine et roulant autour de ma tête ; des colonnes de peuple ivres et furieuses se succédant sans discontinuer demandant *Lamartine !* s'écoulant après d'horribles menaces, puis s'attendrissant, pleurant sur mes mains, m'arrachant mes habits (j'en ai perdu trois), puis devenant sages et doux comme des agneaux ou comme des lions domptés, et m'obéissant de proche en proche! Jusqu'à ce que d'autres colonnes furieuses viennent les remplacer, inonder les escaliers, les appartements, enfoncer les portes en criant : « Lamartine! Lamartine seul! sa tête, sa tête! » Puis la même scène de menaces et de tendresse. Pendant ce temps-là pas un morceau de pain ni un verre d'eau en vingt-quatre heures.

« Le lendemain, de l'eau et du pain seulement! ma femme séparée de moi, trente-deux heures sans nouvelles, la presque certitude que pendant que le peuple nous étouffait, la garde nationale et l'armée ralliées à la Régence allaient venir d'heure en heure prendre nos têtes! Soixante coups de fusils tirés contre moi dans la journée du vendredi, soixante débats, deux cents ordres.

« Enfin, dans la nuit du vendredi, des messages envoyés par moi à tous les quartiers appelant, homme par homme, douze cents braves jeunes gens et gardes nationaux, la peur saisissant tout le monde, le courage revenant au récit de mes efforts pour sauver Paris ; puis la double victoire du gouvernement et les cent mille hommes armés des faubourgs, enfin levés en armes *à mon nom seul*. Le samedi, le dimanche, cent vingt mille baïonnettes dévouées de tous les partis passent devant moi en revue, aux cris de : Vive *Lamartine !* doublés au moins de ceux de : Vive la *République !* Quarante mille hommes me ramènent deux jours de suite à ma maison ; impossibilité d'aller dans les rues de peur d'être étouffé par les embrassements passionnés du peuple. *Tous les partis, légitimistes, catholiques, républicains, banquiers, militaires*, *bourgeois*, se rallient à moi comme à un seul parti ! L'adoration universelle ! l'enthousiasme au delà de ce qu'il fut jamais pour un homme dans l'histoire ! (Je répète ici les expressions *unanimes.*) Aujourd'hui, Paris aussi calme, aussi gardé, aussi heureux qu'un jour de fête au printemps. Pas une victime ! pas une proscription ! pas une vengeance ! La peine de mort politique supprimée par moi après cinq jours d'efforts. Le roi fugitif est caché ; la duchesse d'Orléans et son fils remis à ma responsabilité et, j'espère, sauvés. Voilà le récit court mais littéral de ces six jours !

« L'Europe et tous ses ambassadeurs acceptent, consentent et pleurent d'admiration ; point de guerre intentée par nous, peut-être point faite contre nous ! mais nos seules idées et nos seuls exemples soulèvent les peuples et grandissent la France !

« Oh ! Si vous avez eu de quoi prier, vous avez de quoi pleurer et bénir Dieu !

« Votre tante a été héroïque, elle n'a pas plus tremblé que moi ! Je faisais mon devoir, j'avais donné à Dieu et à nos idées mille fois ma tête. Je l'ai jouée quarante mille fois, et je n'ai que des déchirures de sabres et de piques. Nous tâcherons de réunir plus tard les deux cents discours que j'ai faits au peuple. Il ne veut entendre à aucun autre nom. Il me menace seulement, et la bourgeoisie encore plus, de me proclamer les armes à la main, *dictateur* ou *consul*. Je les retiens, en les assurant qu'ils me feront fusiller dans la nuit et qu'ils perdront la République.

« Maintenant nous sommes solides : nous aurons des émotions, des clubs, des factions ; nous avons des ambitions agitatrices parmi nous-mêmes, mais nous les vaincrons.

« Adieu, ma chère Valentine, et vous tous. Voilà un récit qu'il faut me garder pour, non pas de plus beaux jours (il n'y en a pas dans la vie d'aucun mortel), mais pour de meilleurs jours, ceux où je vous reverrai à Montceau ou dans la solitude de Milly.

« Dis à M. Roland qu'il se montre, ainsi que Mâcon, au niveau de *nous* ici ! Qu'il tienne ferme à la fois contre l'anarchie et contre la monarchie ! Qu'il lise ma lettre à M. Garnier, à Vernaud, à Lacretelle, à tous nos amis, à Ordinaire, à M. Guyard, à tout le monde !

« J'embrasse Mâcon de ces mêmes bras qui ont embrassé deux cent mille hommes du peuple de Paris.

« Maintenant, je vous embrasse vous toutes bien tendrement comme un homme qui revient du tombeau et qui retrouve ceux qu'il aime.

« Vous jugez bien qu'étant en ce moment président, par délégation, de la République, et le point d'action de l'Europe, du peuple, de l'armée, des honnêtes gens et des scélérats aussi, j'ai peu de minutes pour dormir, causer ou dîner. Je n'ai fait que deux repas en six jours et je n'ai dormi que six heures.

« Adieu...

« Adieu, mes enfants : adieu, toute la famille et tout le pays, aimez-moi comme je vous aime et priez Dieu encore et toujours.

« LAMARTINE. »

C'est encore à ses nièces, et surtout à sa nièce préférée, qu'à la veille des journées de Juin, il épanche ses soucis, ses fatigues et ces inébranlables espérances dont il s'aveuglait sur les destinées de la République qui s'était donnée à lui en un jour d'enthousiasme sans lendemain. Depuis la mort de sa mère et de son ami de Virieu, il n'avait confié à personne, avec autant d'abandon et de foi, sa pensée et ses émotions.

« 9 juin 1848.

« Ma chère Valentine, ta lettre de quatre pages a été lue comme elle a été écrite, avec une tendresse que je n'ai pas besoin de te redire, car les jours et les années ne font que la rendre plus pénétrante, plus adhérente et plus incorporée au cœur. Je prends un petit moment au milieu de mille soucis et de mille dangers pour t'envoyer un souvenir de tous les moments. Tu me dis que je suis ton seul confident, ton seul ami depuis ta naissance. Je désire l'être jusqu'à la fin, ou plutôt je suis convaincu qu'il n'y a point de fin et que la fin de nos attachements sur la terre est précisément le commencement d'un attachement éternel ou plutôt d'une identification complète avec ceux que nous aimons. Ainsi sois tranquille, je serai toujours ton ami et toujours ton confident, quand même nous ne nous reverrions jamais sur la terre. »

(Voilà mon mot interrompu de vingt-quatre heures.)

« Je reprends, et je reprends mes sentiments pour toi juste où ils étaient hier, avec vingt-quatre heures de plus de durée et d'éternité. Les affaires de Paris sont très orageuses en ce moment. Nous marchons tous les jours (un mot illisible), et tous les soirs sur un volcan d'émeutes soldées par les partisans de Bonaparte et les princes de la dernière monarchie; nous sommes de plus menacés de deux attaques à main armée au premier jour, l'une par la Régence, l'autre par les anarchistes communistes et autres. Cela peut être grave : la République y succombe et moi aussi. Néanmoins, je ne me trouble point et j'ai bonne espérance au fond de l'âme. Dieu sauve la République toutes les fois qu'elle paraît perdue. Il a, je pense, ses desseins sur elle et veut qu'elle serve au développement des grandes vérités religieuses pour lesquelles seules je me suis dévoué moi-même à la Révolution. Ainsi c'est pour toi le moment de fondre ta belle et tendre âme en prières pour le triomphe des idées de Dieu et pour le salut de celui que tu aimes plus qu'aucune fille n'aima jamais son père. Quand je suis un peu découragé, triste ou tenté de désespérer des difficultés de la République, je pense à toi, je te vois les mains jointes devant ton Christ et tes beaux yeux animés d'un rayon céleste d'espérance et d'amour ; et la foi et l'espérance rentrent à l'instant même dans ma pensée. Quant à l'amour, il n'en sort jamais, mais tu sais assez que l'amour est celui des esprits et pas celui des hommes.

« Maintenant, veux-tu savoir ma vie, ses soucis? Je viens à Paris à neuf heures du matin. Je siège au Luxembourg jusqu'à trois ou quatre. Je remonte en voiture, je rentre dans mon logis, je trouve mes chevaux. Je me perds une heure dans les allées sombres, oubliant tout, excepté ceux que je n'oublie jamais. Je vous vois sous tous les arbres, je vous parle, vous me répondez. Je reviens dîner. Si Paris est agité, j'y rentre et j'y couche. Quand j'ai ma nuit paisible, je me repose au chant des rossignols en respirant un air qui me calme beaucoup les nerfs et qui rétablit sensiblement ma santé, malgré les soucis du jour.

« Tout cela est entremêlé de prières, de pensées à vous, de lectures, de quelques minutes de visites, de secousses d'esprit mais d'immobilité de cœur. Tu en sais maintenant tout autant que moi sur le fond de ma vie et de mes pensées. Tu m'as entendu souvent penser tout haut devant toi comme devant Dieu. Eh bien, c'est comme si tu m'entendais toujours : il n'y a pas un atome de changé dans mon être, si ce n'est que tout cet être est de plus en plus absorbé dans les mêmes sentiments que tu connais, et qui se sont tout à la fois pétrifiés et ancrés en moi pour l'éternité.

« Ainsi pendant que tu liras ceci dans les bois d'Igé, je serai à la tribune ou au Conseil, étouffant, maintenant ma pensée sous les affaires pour la reprendre toute vive et tout entière en sortant de l'Assemblée et pour la promener dans les bois ou la retrouver sous mon oreiller en priant Dieu pour la République, pour toi et pour tous ceux et toutes celles que j'aime ici-bas et en haut.

« Adieu donc, mon cher, cher ange d'ici-bas, aime-moi toujours quoique bien peu aimable, bien vieilli, bien enlaidi, bien cassé de corps et d'âme, excepté de cœur. Soigne, malgré tout, tes nerfs et ton cœur, ton pauvre estomac, surtout ton pauvre cœur ! J'espère que Dieu veille sur ce cœur et te rendra heureuse une fois avant l'éternel bonheur.

« Al. de Lamartine. »

VI

Au moment où il écrivait ces lignes, Lamartine était encore le roi de France. Sa popularité paraissait immense, éternelle. A peine quelques amis inquiets osaient-ils l'avertir des écueils cachés sous la nappe d'azur où son vaisseau magnifique s'élançait à pleines voiles. Ainsi faisait Mme Sophie Gay, la mère de la belle Delphine. Son éloquente lettre m'a paru digne d'être rappelée :

« 1848.

« Non, je n'y peux pas tenir ; il faut que je vous dise à quel point les belles paroles de votre voix divine ont fait battre mon cœur, à quel point ma vieille admiration en est exaltée, ma vieille amitié en est fière.

« Ah! pour l'amour de cette France qui vous inspire de si nobles pensées, restez à votre rang, et après avoir si bien défini la seule égalité possible, ne mêlez pas votre génie aux misérables intérêts de la mauvaise compagnie politique. Ce conseil tire toute sa valeur de mon expérience, songez que j'ai vu les grandeurs et les horreurs de la première Révolution, que j'ai connu presque tous les acteurs de ce drame sanglant et que j'ai vu succomber les plus forts, les plus éloquents à l'influence mystérieuse et désastreuse de l'entourage.

« Cabarrus m'a dit que vous pensiez quelquefois à moi. C'est que vous devinez que mon culte pour vous est au-dessus de tous les événements.

« Sophie Gay. »

Est-ce l'*entourage* qui amena la ruine

politique du poète ? Est-ce la *mauvaise compagnie* qui l'entraîna aux fautes irrémédiables, lui valut la désaffection du pays et le jeta, pour ainsi dire, sans transition, d'un triomphe presque universel dans un délaissement presque universel ?

Une autre femme de haute sagacité, qui, elle aussi, a observé de près la première Révolution, Mme de Staël, a dit : « Dans la science de la vie publique, on réussit plus souvent par les qualités qu'on n'a pas : absence d'enthousiasme, absence d'opinion, absence de sensibilité ; un peu d'esprit combiné avec ce trésor négatif, et la fortune et le rang s'acquièrent et se maintiennent mieux. » Je crois, pour ma part, comme tous ceux qui ont vu les grands cœurs aux prises avec les affaires des hommes, que les vrais artisans de la chute de Lamartine furent sa loyauté, sa grandeur, son désintéressement, son dédain des petites cupidités, son horreur des vengeances impitoyables, sa fidélité aux opinions élevées, sa facilité à croire que l'héroïsme, l'éloquence, la magnanimité, la sincérité, les vastes conceptions, la charité publique, poussée jusqu'à la prodigalité de soi-même, suffisent à attacher les peuples par des liens indestructibles. Le grand homme, dont le noble regard ne se tournait que vers les étoiles, devait tôt ou tard être précipité dans l'un de ces abîmes que l'envie et la sottise creusaient sous ses pas.

Quand, pour défendre Ledru-Rollin, il crut devoir risquer sa popularité, il disait à M. de La Guéronnière : « La société était sur le bord d'un abîme; je me suis jeté en travers comme une planche et la société a passé. » Il se persuadait que la sublime intention de son erreur serait comprise. Mais les foules ne comprennent pas de telles magnanimités et « les généreux périssent toujours ».

Dès 1849, aux élections de l'Assemblée

législative, le suffrage universel qu'il avait mis au monde ne lui donnait plus une seule nomination, et le hameau de Saint-Point, aux élections municipales, ne le renommait pas. Le département du Loiret, puis Mâcon réparèrent, il est vrai, peu après, cet abandon. Mais c'était le premier coup de tocsin de l'écroulement définitif, le premier pas sur la pente qui ne se remonte point, et l'heure de la défaite sans revanche allait sonner.

VII

Heure amère pour l'ambition, admirable pour l'affection. Tandis que se préparent à s'éloigner, comme les rats qui fuient le vaisseau en péril, la foule des faux amis, des quémandeurs, des thuriféraires, des traîtres, des exploiteurs, des fâcheux avides et sans pitié qui dévoraient le temps, la santé, l'avenir, la fortune du pauvre génie trop libéral et trop crédule, Valentine, qui a vu de loin avec transport les fastes de la victoire, entoure le vaincu d'une admiration plus ardente, d'une tendresse plus pieuse. Volontiers, elle remercierait Dieu du rôle consolateur que les événements lui réservent et qui va la rapprocher plus près de lui, si son cœur ne saignait cruellement des blessures du grand cœur en qui elle vit, et si elle ne s'étonnait avec douleur de l'injustice des hommes envers celui qu'elle juge digne de toutes les couronnes.

Elle a vingt-huit ans; ses deux sœurs cadettes viennent de se marier, Alphonsine à M. de Sennevier, Cécile à M. de Béer, et sa mère voudrait encore la marier elle-même. Un beau cavalier, le comte F. P..., qui fut plus tard aide de camp du prince Napoléon et écrivit un spirituel volume sur les États-Unis, s'est épris de sa beauté et de son esprit. Elle semble accueillir sa demande, mais elle ne lui cache point que sa première pensée, sa première sollicitude seront toujours pour son oncle. Le prétendant jaloux, qui ne veut point de ce partage moral, renonce à son désir, et elle demeure comme la vestale, qui attend l'heure de franchir le seuil du temple pour se consacrer à l'entretien du feu sacré.

Sa mère cependant la retient encore ; elle ne peut consentir à se séparer d'elle et ne la laisse à M. et Mme de Lamartine que durant leurs villégiatures de Saint-Point et de Montceau. L'hiver elle reste à Mâcon, y mène une vie mondaine ou se confine dans l'horizon familial. Sa pensée ne peut se détacher de son oncle, elle partage ses peines, se tourmente de ses soucis d'argent parvenus dès lors à leur paroxysme, s'inquiète des labeurs prodigieux par lesquels il s'efforce de défendre sa fortune pécuniaire et sa fortune politique, se désole de ne pouvoir lui venir en aide. Elle lui écrit toutes les semaines. Lui, d'abord, ne répond ni très souvent ni très longuement. Mais à mesure que les tristesses envahissent son âme, il sent plus nécessaire cette affection qui s'offre à lui si entière, et ses lettres deviennent plus fréquentes, plus expansives. Elles finiront même par se régulariser : le mercredi et le dimanche, deux fois par semaine, elles arrivaient au foyer où l'on vivait en lui. Parfois, il les adressait simultanément aux trois sœurs, mais Valentine savait bien qu'elle avait la meilleure part dans ces messages collectifs.

VIII

Quelques-unes de ces lettres de l'oncle et de la nièce, trop rares malheureusement, recueillies par une main pieuse, vont nous guider à travers les manifestations de ce sentiment à la fois grave et exalté, triste et aimable, pur et ardent, idéal et familier, paternel et juvénile qui, sans cesse, remonte à Dieu, dans des élans de religieuse ferveur.

« 1850.

« Ma chère Valentine, je souffre de ne pouvoir t'écrire plus souvent. Mais tu sais les jours que nous venons de passer. Ce sont des jours pendant lesquels on prie pour ceux qu'on aime et on ne leur écrit que par la poste du firmament.

« Dieu ne m'a laissé que toi sur la terre par qui il puisse m'arriver de la joie, du bonheur, de l'affection. De jour en jour, d'année en année, mon cœur endurci et fermé à tout se raffermit plus exclusivement sur cette tendresse de fille et d'ange. Qui te l'a inspirée? Tu sais combien nous te la rendons, je ne dis pas plus mais autant que tu l'éprouves pour nous. Ne te fais jamais le moindre doute, le moindre tourment là-dessus. Tu es notre monde rassemblé en toi. Ce sentiment est double ici dans ta tante et dans moi. Ne songe qu'à ton bonheur qui nous préoccupe soir et matin, jour et nuit. Le plaisir de te retrouver et de te sentir plus près de nous est l'unique attrait qui nous rappelle où vous êtes.

« Je t'ai acheté un cheval. J'espère que nous monterons beaucoup. Avez-vous des livres? Priez-vous bien Dieu pour nous, comme nous pour vous? J'espère qu'il nous exaucera à son moment, dans la chose presque seule que nous lui demandons, ton vrai et complet bonheur.

« L'amitié rend pieux. La prière a été inventée par des cœurs qui avaient à s'inquiéter d'autres cœurs. La prière pour soi est un égoïsme, mais pour *d'autres*, c'est le véritable amour.

« Adieu et tendresses aussi vives et plus cordiales que jamais.

« L. »

« 1850.

« Ma chère Valentine, ceci n'est qu'un mot pour dire : je pense à vous ; le reste me devient de plus en plus douloureux ou indifférent ! Je n'ai ni une force ni une minute pour vous le dire. Levé à cinq heures tous les jours, j'écris trente ou quarante pages pour gagner notre pain. J'ai fini deux volumes : voyages et histoire orientale. J'en commencerai un quatrième le 20 décembre, suite des *Girondins*. Je monte deux heures *Saphir*, nous causons de toi mentalement ensemble, je l'aime beaucoup, il me console. Je me porte aussi bien que l'excès de travail comporte. Je ne vois personne, je mène la vie d'un sauvage ermite. On m'aime assez dans Paris. Voilà toutes les nouvelles. Quant aux nouvelles de l'âme, vous les savez : toute à vous ! j'écrirai bientôt plus long, mais aujourd'hui j'ai la fièvre du travail et des affaires.

« Mille tendres et paternels sentiments pour toi et attachement pour tous.

« LAMARTINE. »

Une fois, elles se sont plaintes, les insatiables, du peu d'abondance de ces lettres qu'il écrit à travers tant de besognes et de soucis, il répond avec enjouement :

« 1851.

« Vous savez bien que je n'écris pas pour ne point fatiguer la poste. Autrement vous auriez une lettre tous les jours comme une prière du matin, une autre à midi, une autre le soir. Mais, au lieu de cela, je vous écris tous les huit jours avec la plume, toutes les minutes avec l'esprit et toutes les secondes avec le cœur. Où avez-vous vu qu'un père oubliait ses filles ? Mais il ne veut pas les ennuyer ! Et ne savez-vous pas, une fois pour mille, que mes lettres pensent et disent éternellement la même chose ; c'est-à-dire qu'après ma femme, je n'ai que vous de souci ici-bas.

« L. »

Dès qu'il a quelque chose à raconter qui puisse les intéresser ou les réjouir, il vient le leur dire :

« Paris, 1851.

« Carissima ! je te remercie ! je vous ai bien suivies des yeux dans les prés, sous les bois, dans ces beaux vallons de la Bresse, où, si vous voulez m'y mener, j'irai faire une visite à Emmanuel au mois d'août. Maintenant, je crois voir, avec Ischia et Fido, dessiner vos ombres dans la longue avenue de Montceau, où bientôt vous verrez des ombres pâles et longues venir au devant de vous, à demi ensevelies dans la maladie et la tristesse, mais cachant sous leur linceul des cœurs qui ne sont ni jeunes ni vieux, éternels ! Il n'y a pas une minute où ces cœurs ne soient pleins de vous toutes.

« Voici les nouvelles. On dit que l'Assemblée prendra son congé de deux mois bientôt. J'en prendrai un de plus. Rien ne me fera partir avant le 15 novembre pour revenir à Paris. Les choses politiques ne vont ni bien ni mal, plutôt bien pour la République.

Le *Pays* [1] y fait un puissant secours, on ne lit que lui dans les rues de Paris : nous recevons deux cents abonnements par jour.

« Soignez mes vignes des yeux et des cœurs ; vous ètes mon assurance contre la grêle.

« Nous ne voyons presque personne ; je ne parle pas à la Chambre ; je me recroqueville tout à fait ; la vie ne vaut pas qu'on s'y mêle.

« Je souffre physiquement un martyre d'estomac continu. Que j'aurais besoin de l'air de Montceau, surtout du ciel de vos yeux, du climat de vos âmes ! Le travail acharné et sans un jour de répit va me retenir jusqu'au 20 août. Après cela vous ! Vous serez mes copistes et il faudra travailler comme ici.

« Adieu, mes chers anges, mes tendresses. Plaignez-moi, aimez, priez !

« L. »

1. Journal que Lamartine rédigeait alors.

« Je reviens de Paris et je vous donne une bonne nouvelle toute chaude. Les deux premiers volumes de l'*Histoire de la Restauration* ont paru il y a quelques heures. Huit ou dix journaux en sont remplis de fragments. Le *succès est immense*, *inespéré*, *universel*, *dépasse les Girondins*. J'ai rapporté ma lettre pour vous donner cet heureux avis.

« Cependant ces deux volumes sont de beaucoup les plus faibles et les plus communs. Mais j'ai le vent, à ce qu'il paraît. Remercions Dieu. »

IX

La lueur de joie dont la vente, d'abord très brillante, de l'*Histoire de la Restauration* avait adouci la cruelle, l'incessante inquiétude pécunière qui n'allait plus laisser de trêve au poète, n'était que fugitive. La *Restauration* jeta une goutte d'eau sur l'incendie qui devait finir par le consumer lui-même. Valentine le supplie alors de prendre son petit patrimoine personnel, sa part modeste d'héritage paternel, et de s'en servir pour éteindre un peu plus les effroyables dettes qui, malgré tant d'efforts, s'accroissent, s'étendent toujours.

« Décembre, 1852.

« Nous sommes arrivés, heureusement,

chère Valentine. Ta tante mieux, moi pas mal, excepté de cœur, le regret de ne plus vous voir et vous entendre. Je t'écris : 1° parce que c'est mercredi ; 2° parce que cette lettre t'arrivera la veille de l'année qui commence ; il faut que le meilleur ami ait la première heure et la dernière heure des amis ; il faut qu'il ait l'éternité. Or, te suis-je le meilleur ami ! pourquoi pas père puisque je le suis de cœur. Mais, hélas ! je ne puis rien pour ton bonheur auquel je pense sans cesse. Je ne saurai te rendre heureuse qu'après ma mort, et alors tu me regretteras trop pour être complètement heureuse. Mais Dieu est là-haut qui me secondera. Il a une providence double pour les âmes belles et tendres et suaves comme la tienne.

« Non, je ne veux pas que tu vendes pour moi ton pré, ta vigne et ton figuier. Garde ta chaumière et ton petit champ. Qui sait s'il ne donnera pas un jour son épi et son eau à ceux que tu aimes. Mais je les reçois dans mon cœur. J'ai senti l'effet de tes prières dans mes affaires de ces derniers jours.

« Adieu, chère consolation de ma vie et de ma mort, si je te laisse tranquille, aisée, heureuse. Je t'aime de plus en plus, de jour en jour, comme une fille qui grandit en âme, en vertu, en piété, en sentiment, en tout! Quant à moi, je me démolis pièce à pièce, mais mes ruines tombent sur un cœur qui adoucit toutes les décadences. Encore une fois je t'aime bien et tu mérites mieux.

« Al. de L. »

Ce sacrifice, qu'elle offre avec tant de joie, il commence par le repousser. Mais elle y reviendra, pressante, persuasive, et il finira par l'accepter, se promettant de le lui rendre au centuple par des opérations fructueuses qu'il poursuit sans cesse, mais qui, malheureusement, ne feront jamais qu'élargir la plaie de son existence.

Valentine de son côté écrivait longuement et sans retard. Deux de ses lettres et un fragment subsistent seulement. Elles exhalent une telle intensité d'adoration, que les esprits positifs, ceux qui ne font point volontiers dépense d'eux-mêmes, en seront peut-être scandalisés : ils les taxeront d'exagération comme ils taxent d'affectation celles de Mme de Sévigné. Mais ceux qui ont la véritable expérience des choses du cœur savent que quand on n'aime pas trop, on n'aime pas assez. C'est ainsi qu'aimait Valentine.

« 1853.

« Merci, mille fois merci, mon bien cher oncle, de vous être souvenu de mon mercredi. Je l'attendais avec tant d'impatience! Mais comme c'est long une grande semaine sans nouvelles ! Il me semblait que jamais le jeudi matin n'arriverait. Je voudrais pousser les heures avec mon doigt. Vous ne savez pas assez que je n'ai de bonheur que celui qui vient de vous. Je vous en supplie, écrivez-moi aussi le dimanche. Je voudrais inventer des mots pour vous mieux demander cette grâce, pour vous mieux dire combien j'ai besoin de vos lettres pour adoucir une séparation dont je sens tous les jours la tristesse ; il me prend des désespoirs de vous sentir si loin, si triste, si tourmenté d'affaires, si souffrant. Il me semble que nous ne serons plus jamais réunis. Vos lettres, ces preuves vivantes de votre divine tendresse, seules me donnent du courage et de la résignation. C'est une charité que de m'écrire, vous ne refuseriez pas du pain à un pauvre ; avoir de vos nouvelles m'est aussi nécessaire que du pain.

« Je vous ai promis le journal de ma vie ; elle est bien uniforme, bien retirée toute remplie de votre pensée. Je ne fais pas une action sans vous l'offrir et sans demander à Dieu, si j'ai quelques petits mérites, de les faire retomber sur vous. Si vous saviez combien, depuis que j'ai inventé cela, j'ai du courage pour remplir les devoirs les plus ennuyeux de ma vie. Même au bal, quand j'y vais, je trouve le moyen, de bien des manières, de m'unir à vous par Celui qui est le lien des cœurs. Je suis si ravie quand je peux me priver de je ne sais quoi, même d'un verre de punch, pour obtenir que vous dormiez calme, que vous ayez moins de souffrances, d'inquiétudes en vous éveillant, que vous pensiez avec consolation et tendresse à moi, que vous m'écriviez !... Pour avoir une lettre, rien ne me coûte. Vous allez me trouver bien enfant de vous raconter tout cela...

« A propos d'affaires, je veux vous donner un conseil : c'est celui d'agir de la façon la plus avantageuse et la plus tranquillisante tout de suite pour vous, sans vous préoccuper de ce qui arrivera après vous. Si vous saviez combien je jouirais peu, pour ma part, d'une fortune qui vous aurait coûté pour me la conserver le plus petit sacrifice. Je ne peux pas penser à votre argent après vous ; encore une fois, ne songez qu'à vous, agissez en vue de votre tranquillité, ne pensez à moi que pour m'aimer et me le dire. Je me soigne beaucoup, non pour vous survivre, mais pour avoir des forces et des années à vous consacrer avec tant de bonheur quand vous aurez besoin de moi, et qu'il me sera enfin permis de me dévouer à vous, bien sûre d'avance que lorsque je vous serai inutile, Dieu ne me laissera pas dans ce vilain monde et nous réunira encore là-haut. Il sait tant que je ne veux ni de la terre ni du ciel sans vous.

« Adieu, mon cher, bien cher oncle. Donnez-moi les détails de vos journées. Je voudrais avoir celui de vos minutes.

« Adieu encore, je vous aime bien plus et mieux que je ne sais le dire.

« *Your friend and daughter.*

« VALENTINE. »

Cette brûlante effusion, ces récits d'une vie qui s'abîme dans la sienne arrachent à celui qui les reçoit des cris pathétiques.

« 1853.

« Oh! quelle lettre! quel cœur! quelle âme! quelle fille! quel ange! Non, ne crois pas ta tendresse et ta bonté ennuyeuses! Hélas! il n'y a que ces gouttes du ciel ici-bas pour adoucir ce vase amer! Que ta naissance soit bénie, que ta vie si dure soit récompensée ici et là-haut! Soigne-toi bien pour ceux qui vivent. Ta vieillesse ne m'inquiète pas. Mais la mienne marche à grands pas vers la décadence physique et la mort. Il faut prier Dieu pour qu'il me fasse vivre pour te voir heureuse, si le mot est de la langue humaine, mais il n'en est pas! Les mots résignation et espérance là-haut en sont seuls.

« (Question.) Serais-tu désolée si je vendais Montceau? Ou préfères-tu que je vende Milly? Réponds avec réflexion. J'ai peur d'être forcé à l'un et à l'autre. Voilà mes affaires et voilà mon cœur.

« Adieu, mes chers anges terrestres, je ne crois pas les anges célestes égaux à vous.

« LAMARTINE. »

Et elle, confondue de tout ce qu'elle recueille pour le peu qu'elle croit donner répand avec plus de profusion encore les trésors de sa pieuse passion et, si je puis dire, de sa sainte idolâtrie.

« 1853.

« C'est à genoux, à vos pieds et en couvrant votre main de baisers, mon cher oncle, plus cher que jamais je ne pourrai le dire, que je voudrais pouvoir vous remercier de la lettre que je viens de recevoir. Soyez mille fois béni pour la tendresse et la consolation que vous m'envoyez. Je les garde comme un trésor de bonheur, de force et d'espérance au fond de mon cœur. Si Dieu quelquefois me semble dur. Il en a le droit, car Il a été bien divinement bon en me choisissant de toute éternité pour recevoir et rendre une affection comme celle qui nous unit. Je crois qu'il est donné à bien peu d'être tant aimé et d'aimer autant.

« J'ai été fâchée de vous avoir dit ma tristesse et ma souffrance. Je m'en suis voulu de vous avoir accablé de mon fardeau, vous qui en portez un déjà si lourd. Je vous en conjure, ne vous tourmentez pas ; ne pensez à moi que pour vous consoler et vous dire que vous avez bien près de vous une vie et un cœur dont vous êtes le seul maître, la seule pensée, la vie unique et la seule et éternelle espérance. Ce qui m'attriste et me rend souffrante, c'est de ne pas vous voir. Plus je vis, moins je peux m'accoutumer aux séparations. Sentir vos souffrances, vos luttes, vos angoisses, et ne pouvoir rien !...

Penser que votre vie s'use à ces combats de toutes les minutes et que je ne puis l'allonger d'un seul jour de la mienne ! Par quelle affreuse ironie Dieu a-t-il donné le besoin du dévouement de tout l'être jusqu'à la dernière goutte de sang, sans en donner le pouvoir ? Je voudrais, au prix des plus atroces souffrances, vous faire de l'or avec toutes les fibres de mon corps.

« Que vous êtes mille fois bon de me donner le choix de ce qu'il vous faut vendre ou garder. La vérité est que j'aime ce que vous aimez ; ce que vous ferez sera ce que j'aurais voulu faire. Si vous trouvez à vendre plus facilement Montceau, je transporterai tous mes souvenirs au milieu de vos souvenirs de Milly. Je mêlerai ma vie passée avec la vôtre, je serai heureuse de vous voir garder le nid de la famille. Ses vieux murs, son petit jardin me sont sacrés comme un sanctuaire, chers comme votre berceau. Si, au contraire, c'est Montceau que vous nous gardez, tout en regrettant Milly, je remercierai Dieu de ne pas voir effacer, par le pied des étrangers, la trace de nos pieds sur cette avenue que nous avons suivie avec tant de tendresse depuis déjà tant d'années, en gardant notre petit toit de Collonges si près du vôtre. Ensuite, si pour vos affaires, vous devez les vendre tous deux, il reste encore Saint-Point, le plus cher d'entre les chers. Nous y concentrerons nos vies, nos souvenirs, nos cœurs ; il me semble que j'ai un peu incarné de ma vie dans chaque fleur, chaque arbre, chaque ravin de cette chère vallée où tout, même le tombeau qui garde et qui attend, parle de tendresse, de repos, d'espérance. Et même encore s'il devenait nécessaire pour votre tranquillité de s'arracher de tout et de tout vendre, je me consolerai encore et toujours si vous m'emmenez avec vous ; si je puis mettre mon pied sur l'empreinte des vôtres, n'importe le pays, le ciel. Ma patrie, le lieu que je voudrais habiter ne sera jamais ailleurs ni plus loin que votre ombre par terre. Voilà la plus vraie vérité : agissez donc pour vous, vous êtes certain d'agir suivant les désirs de mon cœur.

« Je n'ai pas besoin d'eaux ni de voyage ; vous sentir à Saint-Point et moi aller n'importe où me ferait plus de mal que de bien. Un voyage comme celui d'Italie, avec vous! oh! alors je ne dis pas, mais ce sont des rêves qui s'accomplissent à peine une fois dans la vie. J'en remercie encore là-haut.

« Voilà une bien longue lettre, *carissimo zio*, et cependant je ne vous ai pas dit la millième partie de ce que j'ai à vous dire. Vous devinez ce qui n'a ni mot ni signe pour se faire comprendre. Sentez-vous tous les soirs à huit heures une bénédiction descendre sur vous ? Je vais la recevoir à cette heure-là dans une église sombre, presque vide, je vous l'envoie pour qu'elle vous apporte consolation, force, courage, espérance et tendresse. Ma première pensée, le matin, est votre nom dans une prière, ma dernière action et parole le soir est de demander pour vous à Dieu du repos, les grâces du sommeil pour votre nuit et les consolations qu'il garde pour les âmes sublimes et saintes comme la vôtre. Voilà ma vie tout entière, mon cher, cher oncle. Laissons dire, aimons Dieu. Avec vous, c'est le front haut et le cœur plein de confiance que je lui parle. Plus je vais, plus je me sens digne de votre tendresse ; je voudrais m'agrandir le cœur pour vous aimer davantage. Adieu, je vous embrasse, je ne sais si c'est comme une fille, une amie, une nièce, mais ce que je sais, c'est que, quel que soit le sentiment, il sera long comme ma vie, et plus fort que la mort. Écrivez-moi vite. Merci de m'aimer, merci de me le dire, moi qui vous aime tant et vous le dis si mal.

« VALENTINE. »

Cette fois ce n'est pas seulement l'oncle, c'est le poète remué, exalté, par cette éloquence d'âme si vraie et si profonde, qui répond par des *stances* dignes de sa plus belle lyre :

« 14 janvier 1854.

« Ta lettre, ma chère, chère Valentine, n'est pas d'une nièce, mais d'un ange incréé ou créé pour consoler l'âme d'un malheureux dans laquelle tu verses depuis dix-huit ans, goutte à goutte, les eaux du ciel, la prière l'espérance, le désir des félicités éternelles, et aussi le peu qu'il faut de félicités pour faire achever la triste route de la terre dont le terme se rapproche tant de moi. J'en ai, en te lisant, versé des larmes, moi qui n'en ai jamais eu. Mais ces larmes n'étaient pas sur moi, elles étaient sur toi. Dieu ! qu'à tout prix, je voudrais te voir heureuse ! Hélas ! moi, ton oncle, ton père, ton ami, je n'y puis rien, que prier et prier encore. Dieu doit être assourdi de ton nom.

« Tu me demandes un récit de mes journées. Le voici :

« Je me réveille à cinq heures, j'allume ma lampe, je prie et je pense à toi ; je travaille jusqu'à onze heures comme un galérien et je pense à toi ; je descends déjeuner, je remonte, je prends un livre pour me reposer la tête et je pense à toi.

« Je reçois un ou deux amis ; je m'habille ; je sors avec mes chiens, je vais au jardin avec eux ; je regarde la fenêtre de la chambre qu'on te prépare et je pense à toi ; je sors seul et triste, je vois la foule et je ne m'y intéresse pas, je prie tout bas et je pense à toi.

« Je rentre à la nuit, fatigué, dans ma chambre haute ; j'allume mes flambeaux, je prends un livre, je regarde le feu et je pense à toi ; je dîne seul et vite ; viennent un ou deux visiteurs ; la soirée se traîne ; dix heures ! je remonte, je prie et je pense à toi ; je me couche, je lis une heure ; je m'endors et je rêve à toi ; je me réveille et j'y pense ; je me rendors et j'y rêve encore.

« Il n'y eut jamais dans un vieux cœur une pensée si pétrifiée, si incorporée et cependant si vivante. Ton pauvre cœur bat dans le mien ; je voudrais qu'il battît dans le cœur d'un autre qui lui donnerait un bonheur que je ne puis lui donner qu'en vœux.

« Voilà ma vie, puisque tu veux le savoir.

« Pourquoi es-tu triste et malade ? Cette maladie et cette tristesse me tuent. Quand je pense que je resterais sur cette froide boue de la terre, que tu n'y serais plus, la terre tourne et s'anéantit pour moi. Quelle calamité d'avoir mis toutes ses affections sur un seul être ! Mais quelle consolation cependant quand ce seul être est toi, mon enfant plus chéri que si la nature nous l'avait donné. Ta tante partage plus qu'elle ne le dit ces sentiments ; après elle et toi, je n'ai que des bienveillances, mais des sentiments ici-bas... non !

« Je continue à faire, à cause de toi, assez bien mes affaires. Dans deux ans, je serai libéré, je me dirai : *Après moi*, elles seront heureuses, elles feront le bien que je n'ai pas fait, elles feront répandre une larme de reconnaissance sur ma pierre. Je n'ai que cette pensée et cette occupation. Que Dieu me seconde ! La vieillesse stérile et réelle est venue, je ne puis rien autre pour la consolation de ceux que j'aime que leur envoyer de la terre un souvenir du ciel, une espérance dans l'éternité. Mais toi, soigne-toi, pour vivre près de *nous*.

« Adieu, prières et bénédictions.

« Al. DE LAMARTINE. »

Comment celle qui recevait de tels hymnes n'aurait-elle pas préféré à tout la gloire bénie de consoler, de servir le grand homme dont elle ressentait si profondément les tristesses ? Elle s'était résignée jusque-là avec effort aux volontés de sa mère ; maintenant elle ne sait plus résister à l'élan de son cœur, et rien ne pourra plus l'arrêter dans sa vraie vocation.

En effet, à partir de cette dernière lettre, Valentine ne quitta plus son oncle. Venue à Paris peu après avec Mme de Cessiat, elle fit chez lui un long séjour. Lamartine la présenta avec fierté à ses amis, dont l'admiration affectueuse pour cette fille d'élection ne devait plus désormais s'éteindre. Elle montra à tous quelle douceur lumineuse et réconfortante elle pouvait apporter à ce morne foyer, à cet oncle malade et dévoré de préoccupations, à cette tante affaiblie par l'âge, la mauvaise santé, les fatigues morales et matérielles. Et la bonne Cécile, riche de la belle couronne d'enfants et de petits-enfants qui l'attendaient à Mâcon, consentit enfin à se priver de sa fille en faveur de ce frère dont elle plaignait l'isolement. Elle lui promit de lui laisser définitivement Valentine. Toutes deux ne le quittèrent que pour le précéder de quelques jours à la campagne.

Ces quelques jours, Valentine les emploie à préparer Montceau, à surveiller tout ce qui intéresse son oncle et à organiser son bien-être, comme la vraie fille de la maison.

« Vos vignes sont bien belles, dit sa dernière lettre, elles m'ont inquiétée pendant ce froid. Je me levais la nuit pour regarder le temps. Cluny et ses environs sont gelés. et une partie du Beaujolais. Vous avez été préservé !... Je ferai vos commissions à Jean, j'ai déjà envoyé bien des caisses. Ce matin, il en est arrivé d'autres, je les fais vite partir... je suis si heureuse de m'occuper de vous ! Vous êtes, après Dieu, ce qui remplit plus profondément ou pour parler plus vrai, ce qui remplit seul mon cœur... Je suis si occupée de votre livre ! je voudrais savoir tous les soirs le nombre d'exemplaires vendus dans la journée. Merci d'avoir pensé à m'envoyer l'article de Jules Janin : je l'ai trouvé beau, il vous le devait bien.

« Des souvenirs à *nos* amis, des caresses à *nos* chiens, et à vous les plus tendres embrassements de la plus tendre des filles. »

Enfin ! enfin ! elle ne pouvait plus accuser Dieu de lui avoir donné « le besoin du dévouement de tout l'être jusqu'à la dernière goutte de sang » sans lui en donner le pouvoir.

X

L'existence de Lamartine, quand sa nièce y apporta pour toujours son dévouement filial, avait encore, quelque désolée qu'elle fût en réalité, une apparence brillante.

La maison de la rue Ville-l'Évêque n'attirait plus, il est vrai, la foule, et ses salons ne regorgeaient plus de visiteurs politiques comme ceux de la rue de l'Université en 1848. Néanmoins, bien des amis de choix, fidèles et empressés, revenaient de huit à dix heures du soir se grouper autour de M. et de Mme de Lamartine. On y voyait aussi de nombreux étrangers célèbres ou inconnus, de passage à Paris et désireux de connaître le poète. Souvent sa table réunissait d'illustres convives, et, bien que privée de ses plus belles pièces d'argenterie, vendues ainsi que les bijoux précieux, elle avait bon air. Rien ne laissait, ni dans la toilette des maîtresses de la maison, ni dans la tenue des serviteurs, ni dans l'aménagement de l'hôtel, deviner les embarras financiers.

Depuis 1848 ces embarras, en réalité, croissaient toujours. De tout temps Lamartine avait eu de mauvaises finances, un déficit à peu près permanent, plus ou moins considérable, malgré des héritages importants recueillis par lui et sa femme, malgré les gains souvent énormes que lui avaient rapportés ses ouvrages. Il y avait à cette situation deux causes. La première fut sa libéralité toujours supérieure à ses ressources. La seconde son amour de la propriété territoriale.

Ses prodigalités luxueuses qu'on lui a tant reprochées n'absorbèrent qu'une faible partie de ses revenus. Le célèbre voyage en

Orient dont le faste vraiment oriental a été souvent raconté, fut largement couvert par les sommes que produisit l'ouvrage où il en fit le récit. Sauf sa passion pour les chevaux, à laquelle il renonça à la fin, ses habitudes personnelles étaient d'une frugale simplicité. Mais sa faiblesse compatissante envers ses semblables l'entraînait toujours à dépenser au delà de ses possibilités ; jamais il n'a su résister à la tentation de causer un plaisir ou d'éviter une peine. Apercevait-il, quand il sortait, quelque objet de nature à plaire à sa femme ou à ses nièces, il l'achetait quel qu'en fût le prix, sans considérer s'il était ou non en fonds, et l'apportait, tout rayonnant du plaisir qu'il allait offrir. Chez lui, il était assailli par des mendiants de toute sorte, parmi lesquels les mieux habillés n'étaient pas les moins indiscrets et dont la main tendue ne se retirait jamais sans que sa main ouverte y eût laissé tomber quelques pièces d'or. Lorsque M. Victor Cousin, devenu ministre, gouverna sous Louis-Philippe l'instruction publique, il découvrit que le député de Mâcon payait de ses deniers l'éducation au lycée de dix enfants pauvres de son département. Il l'exonéra de cette charge, en faisant donner à ces enfants des bourses de l'État.

Lamartine ne songea guère en aucun temps à se décharger sur l'État des obligations qu'il s'imposait envers ses concitoyens pauvres. En 1848, pour représenter dignement la République et la faire aimer des malheureux, il prodigua son or royalement, comme il faisait toutes choses, et « il en fut encore de sa poche », ainsi que disait sa pauvre femme.

Mais la cause primordiale de sa ruine, ce fut son amour de la terre. Aimant, avec cette passion du paysan, que Michelet a si admirablement décrite, cette terre où il retrouvait tant de souvenirs d'enfance, il avait pris à sa charge, dans les nombreux héritages de ses grands-parents, tous les domaines, en laissant à ses sœurs, en rentes, l'équivalent des parts qu'elles lui abandonnaient. Ces rentes dont il avait fixé le taux avec sa largesse ordinaire accrue de l'affection fraternelle, devaient être fournies par les revenus des terres. Il se mit donc à les exploiter sur un pied grandiose. Le démon du jeu, qui l'avait possédé dans sa jeunesse et qu'il avait exorcisé depuis, le reprit sous la forme de la spéculation agricole. Il ne se contenta pas de ce qu'il possédait ; il arrondit, il carra son pré à toute bonne ou mauvaise occasion ; il planta de la vigne avec frénésie, partout où, à tort ou à raison, il crut le terrain propice. Même à Saint-Point, où le raisin ne mûrit qu'exceptionnellement, il détruisit de magnifiques prairies d'un excellent rapport et les remplaça par des champs de ceps.

Comme il arrive si souvent à ceux qui veulent exploiter eux-mêmes leurs terres, le résultat trompa ses calculs. Ses illusions persistant néanmoins, il ne se lasse point d'aller de la déception à l'espérance. Il étend son terrain d'action, il grossit le torrent qui emporte sa fortune. Quand ses récoltes ne suffisent pas aux exigences de sa comptabilité, il achète à crédit les récoltes de ses voisins qu'il pense revendre avec bénéfice : il les vend avec perte. Tout cela n'était pas très sage, mais quand on parle des poètes, il faut se rappeler toujours le mot exquis de Joubert : « Comme ils ont des ailes pour s'élever, ils en ont pour s'égarer. »

Sa dette flottante devient formidable. Il la diminue un peu en vendant d'abord deux de ses domaines les plus importants, puis, Milly, le cher Milly, le vrai berceau de sa poésie éclose à l'ombre de toutes les pures tendresses qu'a abritées ce toit béni. Mais il n'a fait que retarder le cataclysme, car il garde Montceau et Saint-Point, avec plus de soixante-dix vignerons : il continue à s'y livrer à une activité funeste, et, sous le poids de lourdes hypothèques, à y recueillir ses récoltes désastreuses.

— « Mes récoltes, mon dernier refuge, viennent de s'évanouir en huit jours, sous la maladie des vignes. Je ne ferai pas de quoi payer l'impôt sur 1 500 000 francs de terres ! »

— « Non seulement je n'ai pas fait de récolte avec mes soixante-dix vignerons, mais il faut faire vivre *cent* familles un an – résultat 150 000 francs de différence. »

— « Les récoltes ont été pitoyables... »

— « J'arrive achevé, ruiné, anéanti ! 1 100 000 francs payés cette année, 400 000 perdus sur les vins.... »

Et il en va ainsi presque chaque année.

« La terre m'a tué, s'est-il écrié un jour : il est juste qu'elle m'ensevelisse. » C'est vrai. La terre lui a tout pris : son argent, sa tranquillité, sa force, sa santé, sa vie.

Peu après 1848, alors que le désastre était

encore réparable, MM. Pereire lui offrirent de diriger une liquidation dans laquelle ils se faisaient forts de payer tous les créanciers et assurer pour un long avenir de larges revenus. Lamartine refusa. Il se croyait plus de génie pour les affaires que pour la poésie, l'éloquence, l'histoire réunies.

Alors, pour alimenter le foyer dévorant qui, comme celui de Bernard de Palissy, lui ravira un jour jusqu'à ses biens les plus intimes, il écrit, il écrit, il écrit.

Après le coup d'Etat, se refusant à toute manifestation pour ou contre, il avait suspendu la publication du *Conseiller du peuple*, sa feuille républicaine, et fondé le *Civilisateur*, recueil purement littéraire, où, à l'instar de Plutarque, il racontait des Vies illustres et, en décrivant des génies de la race de son génie, tels que Christophe Colomb, Fénelon, etc., dictait des pages exquises. En même temps, il écrivait l'histoire des Constituants, achevait celle de la Restauration ;

« ... J'ai eu et j'ai encore une sévère et interminable rechute de rhumatisme. Pendant ce temps-là, j'ai écrit 800 pages et payé 25 000 francs. Jugez si je suis à mon aise... » — « Le 1er avril j'aurai deux volumes, je passe mes nuits à l'ouvrage... » — « J'ai écrit un volume de 400 pages depuis mon arrivée. Je vais en écrire un autre, et ainsi de suite. Je suis comme Cicéron qui écrivait, dit-il, plus que ses deux secrétaires ne pouvaient copier. »

Le *Civilisateur* n'ayant point réussi, il le remplaça par *le Cours familier de littérature*, recueil extraordinaire, aujourd'hui trop oublié, d'une richesse d'idées, de souvenirs, d'opinions, de jugements, de prophéties, qui surprend, instruit, élève et ouvre tous les vastes horizons de l'intelligence, de la poésie, de l'art, sous toutes leurs formes et dans toutes les civilisations.

Pour assurer à ces pages la vente rémunératrice, il se fait même entrepreneur en littérature, à la façon dont il s'était fait négociant en vins. Il réussit mieux cependant et il invente des moyens ingénieux d'attirer le public. Un de ses amis, M. Louis de Ronchaud, admirant son habileté dans l'art de la réclame : « Mon cher, lui répond-t-il en riant, le bon Dieu lui-même a besoin qu'on le sonne. »

Tout ce qui est célèbre, tout ce qui est intelligent, en France et au dehors, s'est abonné avec cœur. Berryer a voulu compter parmi les premiers : « Mon cher confrère et ancien collègue, portez mon nom, je vous prie, sur la liste de vos souscripteurs. Et moi aussi je me délasse en travaillant ; je serais charmé de connaître par ces Entretiens comment les œuvres du génie et du talent vous ont affecté, et voudrais vous voir reconcilié avec Jean de La Fontaine, car c'est mon homme.

« Recevez mes bien affectueux compliments.

« Berryer.

« 6 mars 1856. »

Lamartine, en effet, n'aimait point La Fontaine : il le trouvait cynique et pessimiste. Peut-être s'il eût compris la vérité des conclusions un peu amères du Bonhomme, aurait-il mieux vu les hommes tels qu'ils sont et non tels qu'ils devraient être.

Dans cette entreprise dernière, une merveilleuse énergie le soutient, une fécondité inépuisable lui prête ses ressources, et si son âme gémit, si même sa peine s'épanche sous sa plume, jamais on n'y sent la lassitude ni l'aridité. Et ce labeur incessant, inépuisable, il le poursuit à travers les crises d'une santé délabrée et souvent de véritables tortures physiques, de nuits sans sommeil, de jours tourmentés par des accès qui parfois lui arrachent des cris.

Valentine est bien alors l'ange secourable. En prenant sa part de ce labeur si dur, elle le rend plus léger ; elle s'identifie comme personne ne l'a fait avant elle avec la pensée, l'inspiration du poète, elle se surpasse, elle se multiplie ; elle copie, elle choisit les citations, elle tient la correspondance, les comptes ; elle fait la lecture ; elle cause, elle distrait, elle amuse, elle charme et surtout elle aime : « Mon métier de garde-malade, écrit-elle un jour, a été très doux ; mon oncle sait le rendre aimable ; il est si bon et si charmant, même au milieu de ses souffrances ! » Et son oncle, de son côté, écrivait : « Valentine me désattriste tout. »

XI

Sa tristesse, néanmoins, était intense.

« Il souffre plus qu'on ne peut croire, dit une lettre de sa femme ; il a des accès de désespoir qui me mettent hors de moi. — Le voir se miner la santé, se désespérer sous le poids d'une charge qu'il s'est imposée pour son pays et pour les pauvres honteux dont il a sauvé la vie et l'honneur, il y a de quoi succomber, et je chancelle. »

Il s'épanchait dans ses éloquentes causeries du *Cours familier de littérature*. Le quinzième entretien : *la Vigne et la Maison*, est une élégie sur la maison paternelle et les souvenirs d'enfance, dont chaque vers est un sanglot :

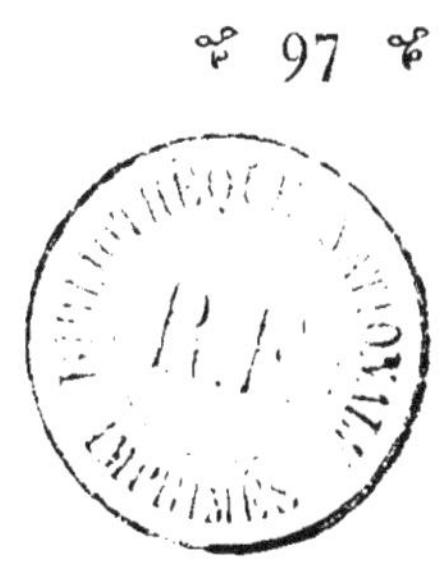

Efface ce séjour, ô Dieu ! de ma paupière
Ou rends-le moi semblable à celui d'autrefois
Quand la maison vibrait comme un grand cœur
[de pierre
De tous les cœurs joyeux qui battaient sous ses
[toits.

Quand Michelet lut cette pièce déchirante et sublime, il écrivit :

« *Lord of my heart.* — Vous m'avez fait pleurer à chaudes larmes et tout le monde pleure.

« Pourquoi écrivez-vous ces choses, vous le bien-aimé de Dieu, tant aimé des hommes ? Jamais, depuis les *Méditations*, vous n'avez donné un tel coup d'archet !

« Je vous serre tendrement la main. — MICHELET.

« 27 m. 1857. »

L'entretien intitulé *Job dans le désert*, prose plus lyrique que les plus beaux vers, n'est pas une lamentation moins poignante.

A la princesse de Solms, qui lui avait envoyé quelques strophes et lui en demandait en réplique, il répond :

« Princesse,

« Excusez-moi ; on ne chante pas sur la claie. J'y suis en face du monde si je n'y suis pas devant Dieu. J'y suis pour d'autres et non pas pour moi. Je vous remercie de cette goutte de vinaigre parfumée de poésie et de bonté que vous faites couler sur mes blessures.

« J'ai lu les vers ce matin pour la première fois, ils sont dignes du *Lac* et de vous, d'un soupir de ma jeunesse vous avez fait un poème épique.

« Quant aux strophes consolatrices de la fin, elles sont trop belles pour le rôle honnête mais modeste que j'ai accepté au jour du danger dans mon pays. Je ne serai grand que par son ingratitude !

« Recevez, princesse, l'assurance de ma respectueuse reconnaissance ; parlez au *Lac* de Raphaël, et si les hommes m'oublient, que les flots se souviennent de moi !

« Al. DE LAMARTINE. »

« Paris, 26 novembre 1858,
« 43, rue de la Ville-l'Evêque. »

XII

Un après-midi, il va voir, rue Saint-Guillaume, Emile Ollivier, alors député de la Seine, dont il encourageait fort la politique constitutionnelle et libérale [1]. Renversé dans un fauteuil, les pieds sur le marbre de la cheminée, dans une attitude qu'il aimait à ses heures familières, il s'écrie : « Mon cher, voulez-vous voir l'homme le plus malheureux qui existe, regardez-moi. Le jour, c'est supportable, mais les nuits, les nuits ! je me serais tué si je n'avais pas cru en Dieu. »

Son malheur, son désespoir, c'était la

1. Emile Ollivier avait été à vingt-deux ans, en 1848, nommé commissaire du gouvernement à Marseille par Lamartine, et leurs relations, depuis cette époque, étaient restées affectueuses.

pensée des braves paysans qui avaient eu confiance en lui et qu'il ne pouvait rembourser.

L'Empereur lui avait fait offrir deux millions, mais, quoique touché de cette initiative généreuse, Lamartine n'avait pas accepté. Il ne voulait un élan secourable que de la nation elle-même. Hélas! la souscription nationale, à laquelle l'Empereur s'inscrivit pour 25 000 francs, échoua misérablement, malgré le zèle des amis. D'autres amis organisèrent des projets de loterie par lesquels Montceau, qui n'avait pu trouver d'acquéreur dans une mise en vente récente, eût produit de quoi solder d'un coup tous les créanciers. Ces loteries, autorisées par le gouvernement impérial, ne rendirent qu'une faible partie de ce qu'on espérait. Et pour obtenir cette autorisation administrative, que de démarches pénibles! M. de Persigny, plein d'égards, accourait dès que son concours était réclamé. Mais dans les antichambres de M. Rouher, Lamartine attendait comme un simple solliciteur, et ne passait qu'à son tour.

Le *Cours familier de littérature*, l'exploitation des *Œuvres complètes,* dont la nue propriété littéraire a été vendue à une Société composée d'admirateurs et d'amis, ne suffirent pas à couvrir les frais de publication et les intérêts écrasants qui, chaque année, s'ajoutaient les uns aux autres. Les créanciers s'irritent ; les amis s'effrayent ; ils prévoient la saisie, l'expropriation. Mais alors, pour assurer l'aisance des dernières années par un revenu qui soit à l'abri de tout, Napoléon III, ne se rebutant pas d'un premier refus, propose au Corps législatif le don national d'une rente viagère de 25 000 francs. La commission nommée pour examiner le projet de loi, composée pour la plupart de désapprobateurs de la révolution de Février, qui trouvaient que la France avait déjà bien assez donné à

Lamartine, le repoussa à la majorité d'une voix. Par ses supplications passionnées, Emile Ollivier ramène une des voix réfractaires, celle de son ami Chevandier de Valdrôme. Le projet de loi est voté et Emile Ollivier en est nommé rapporteur. Son rapport, imprégné de la plus admirative et respectueuse pitié, emporta les suffrages de la Chambre. Il eut, en récompense, la lettre suivante :

« Paris, 12 avril 1867.

« Mon cher ami, je savais par l'écho public depuis hier soir la sublime magnificence de votre rapport; moi je ne vous remercie pas du rapport, mais de son envoi. Vous avez été trop bienveillant pour moi pour que je puisse vous rendre grâce. J'en trouverai mille autres occasions ; je vous remercie de m'avoir jugé comme vous le dites ; si vous le disiez moins, j'oserais dire davantage, mais vous ne me laissez d'autres ressources que le silence ; laisser battre mon cœur et faire taire ma voix : voilà mon seul remerciement, recevez-le et croyez à tout ce que je ne dis pas.

« LAMARTINE. »

XIII

Pendant ces années de lutte stérile, la mort, cruelle compagne du temps, avait emporté l'une après l'autre des affections chères et consolantes.

Les amis de jeunesse, les amis de l'âge mûr disparaissaient ; puis la mère de Valentine, Mme de Cessiat, cette douce Cécile, « qui n'était, disait sa belle-sœur, que bonté, abnégation, et cela avec un si aimable sourire, qu'il semblait qu'elle faisait tout pour son propre plaisir ». Enfin, l'épouse, la fidèle Marianne, succombait à son tour à la tâche qu'elle avait remplie avec un zèle, parfois peu éclairé, mais toujours digne de vénération, et tous ceux qui aimaient Lamartine la pleurèrent.

Michelet écrivait : « Je vous suis uni dans ce deuil : que de femmes l'ont enviée ! Elle vivra d'âge en âge. Pour moi, je lui étais de trente années et bien précieusement attaché. »

La noble femme, plus étroitement rapprochée de sa nièce par les douleurs, les anxiétés, les fardeaux, les labeurs communs, avait fini par rendre justice à l'incomparable et infatigable dévouement de Valentine. Réunies dans une même piété, enveloppées par Lamartine dans une mêne affection, les deux anges gardiens du poète en étaient venues à s'aimer pour elles-mêmes et celle qui s'en allait donna à celle qui restait un suprême témoignage de sa reconnaissance par le legs de tous ses bijoux et de la moitié de sa fortune.

Valentine demeurait seule. Seule, elle devait animer et réchauffer le vide qui s'étendait autour du vieillard. Son abnégation s'accroît en même temps que ses peines.

Plus il faut qu'elle se donne, plus elle est heureuse. Son amour filial est semblable à cet amour sublime « qui vole, qui court avec joie et que rien ne retient, qui donne le tout, qui ne connaît point de bornes, qui ne sent point sa charge, qui ne compte point le travail, qui veut faire plus qu'il ne peut, parce qu'il croit que tout lui est possible, qui ne dort pas même pendant le sommeil, qui se fatigue sans se lasser, qui est à l'étroit sans être gêné [1] ». Elle avait trouvé, parmi les bijoux que lui avait laissés sa tante, une bague-cachet dont son oncle avait autrefois fait graver la cornaline de la devise : « A cœur vaillant rien d'impossible. » Cette devise orne maintenant sa main, et c'est la règle, la définition de sa vie. Elle n'a pas d'existence propre en dehors de celle de son oncle; elle est son ombre même. Elle accompagne tous

1. *Imitation.*

ses pas, aux promenades, aux expositions, dans les rares salons où il se montre encore, on ne voit jamais Lamartine sans elle. Quand elle ne sort pas avec lui, quand elle n'écrit pas pour lui, qu'elle ne l'aide pas à recevoir les amis de moins en moins nombreux, elle lui lit un de ses ouvrages favoris. Avec l'*Imitation*, son livre de chevet, il en a trois : la *Correspondance de Voltaire*, la *Correspondance de Cicéron*, l'*Histoire du Consulat et de l'Empire*. Le cycle terminé, il le recommence. Valentine ne se lasse ni ne s'impatiente jamais. Consacrée à son unique sollicitude, elle ne donne rien d'elle-même au monde du dehors. Ceux-là seuls qui vont chez Lamartine, savent qu'elle est belle, spirituelle, captivante. Elle ne souhaite rien de plus que ce qu'elle a. Elle juge en toutes choses son sort digne d'envie. La tendresse de son oncle, le sentiment des consolations qu'il lui doit, la comblent de reconnaissance. « Il est comme toujours, écrit-elle, bon et divin ; il est impossible de vivre avec lui et de ne pas l'adorer : aussi, c'est ce que je fais avec bonheur. »

En effet, au milieu des amertumes de son déclin, le grand homme est resté tendre et sensible, souverainement bon. Il le devient même de plus en plus. Comme en toutes les natures divines (c'est bien, en vérité, le mot qui lui convient), les rudesses de sa destinée ne servent qu'à mieux faire jaillir les suavités de sa mansuétude. L'âme magnanime qui a écrit autrefois la *Réponse à Némésis* se montre touchante de douceur, de longanimité, de charité envers ceux qui le méconnaissent ou qui l'abandonnent.

Cette bonté, il l'a gardée jusqu'à la fin. Elle l'enveloppe de son rayonnement dans le portrait qu'a fait de lui, en ses dernières années, Adam Salomon. Les traits sont fatigués et creusés, le regard n'a plus cette flamme d'espérance qui l'illuminait autrefois, l'éclat vainqueur de la jeunesse est éteint, mais il resplendit d'une douceur ineffable, une douceur qui émeut jusqu'aux larmes, faite de blessures miséricordieuses, de foi dans le Dieu qui éprouve et soutient, de bienveillance pour les hommes dont, mieux que jamais, cette âme meurtrie connaît la misère infinie.

Beaucoup de gens sont bons... quand ils y pensent. Et ils n'y pensent pas souvent. Lamartine y pensait sans cesse. Sa bonté est comme sa poésie ; elle éclôt sur les moindres détails de son existence, trouve en tous quelque motif de charmer ; elle est pareille à une lumière très vive, qui s'interpose entre lui et toutes les laideurs. Jusqu'à la fin il les ignore, elles échappent à sa vue. Il ne remarque point les mauvais procédés ; il n'a de clairvoyance, de mémoire que pour les marques d'amitié ou de dévouement, et ses paroles sur l'humanité ne décèlent pas même l'amertume du pessimisme, bien que nul n'ait plus de raisons que lui d'être pessimiste. « On se repent toujours, dit-il, d'avoir dit du mal de quelqu'un. »

Un couplet satirique sur Nadaud [1], lorsque celui-ci, déjà engagé à dîner chez Lamartine depuis plusieurs jours, lui fit faux bond au dernier moment pour se rendre à une invitation ultérieure de la princesse Mathilde, serait la seule plaisanterie mordante qu'il se fût permis. Mais il l'a renié. Le brave Nadaud n'eût pas cependant démérité cette petite leçon, car la noble princesse, dont l'âme généreuse a toujours eu tant de respect pour l'intelligence, tant de sympathies pour l'infortune, eût été la première, s'il

1. Un jour, le vaincu de Pharsale
M'offrit un dîner d'un écu.
Le vin est bleu, la nappe est sale,
On ne va pas chez un vaincu.
Mais quand la cousine d'Auguste
Me fait prier en sa maison,
J'accours, j'arrive à l'heure juste...
— Chansonnier, vous avez raison !

l'avait informée, à l'engager à ne pas manquer, même pour venir chez elle, à l'auguste vaincu.

« Il sera comme l'arbre planté sur le bord des eaux vives, son feuillage ne tombera point », a dit le Psalmiste en parlant de l'homme de miséricorde. La grâce de la jeunesse intérieure que la terre ne flétrit point a favorisé jusqu'au bout ce génie si haut et si bon. Il a eu, presque sans fin, dans son expansion littéraire, les feuillages et les fleurs mystiques d'une sève intarissable. Quelle fraîcheur riante, colorée, vivante, originale, que celle de certains récits des derniers Entretiens littéraires, l'*Arioste*, *Comment on devient poète !* etc. C'est le chant printanier d'un génie de vingt ans, c'est la floraison de l'arbre privilégié, planté au bord des eaux vives, de celles qui descendent des plus hauts sommets et qui circulent, abondantes et cristallines, parmi les sombres rochers aussi bien que parmi les vertes vallées.

XIV

Mais le moment allait arriver où le grand Arbre succomberait à son tour sous les coups de cognée du sort et du temps.

La Ville de Paris, sur la demande de Napoléon III, avait concédé au poète l'usage d'un chalet situé à la lisière du bois de Boulogne, à l'extrémité de l'avenue de l'Empereur (aujourd'hui avenue Henri-Martin) : demeure modeste, ayant l'aspect d'une vieille ferme et dont le seul agrément était un ravissant jardin fort bien entretenu. Lamartine s'y retira, abandonnant son foyer de la rue Ville-l'Évêque, trop coûteux pour ses pauvres finances.

Il semble qu'il sente la délivrance suprême

approcher et qu'il veut s'éloigner de la foule pour se recueillir. Ses amis entendent à peine le son de sa voix. Presque constamment renfermé dans un mutisme stoïque, il écoute et ne parle point. « On eût dit qu'ayant lui-même délié son âme, il attendait, spectateur silencieux, qu'elle prît son vol. » Il paraissait se détacher de ses souvenirs, de ses œuvres même. Un de ses amis ayant lu devant lui à haute voix la Mort de Laurence, de *Jocelyn*, il fondit en larmes : « De qui sont ces beaux vers ? » demanda-t-il.

Parfois, une dernière révolte contre la vie le jetait dans des désespoirs éperdus. Un soir, à l'heure du coucher, dans le Chalet, arrivé à la plus haute marche de l'escalier de bois, il s'assied et ne veut plus bouger : A quoi bon ? à quoi bon dormir, à quoi bon recommencer le matin la tâche cruelle ? Qu'on le laisse là ! Cet affolement n'est calmé enfin que par les larmes et les supplications de Valentine. Un autre soir, à Montceau, il s'enfuit après le dîner et disparaît ; on se met à sa recherche, on court de tous côtés, on le rencontre, errant comme un insensé, au loin, à travers champs, et l'on a grand'peine à le reconduire dans la maison où il ne veut plus rentrer.

Valentine, transpercée de douleur, soutient, relève, dissimule les défaillances de ce grand esprit, qui est las de ce monde et qui veut s'en aller. Elle n'y parvient qu'avec des efforts de plus en plus difficiles. Cependant, elle le ramène à la résignation. Alors, en ces instants d'apaisement, il lui parle d'abondance de cœur ; il l'entretient de sa mort prochaine et lui promet que, quand il aura quitté sa prison terrestre, il reviendra la voir et lui parler. Promesse mystérieuse, que le Dieu des miséricordes entendit peut-être ! Valentine m'a souvent raconté que, toutes les nuits, depuis la mort de son oncle, dès que le sommeil fermait ses yeux, elle le voyait, l'entendait, absolument comme s'il était vivant. On peut donner de ce phénomène des explications physiologiques, moi je crois que les mystères au milieu desquels nous marchons ici-bas sont innombrables.

Il s'éteignit, après quelques jours d'agonie, le 28 février 1869. L'Empereur offrit aussitôt des funérailles nationales ; Valentine les refusa. Lamartine avait demandé un convoi modeste et silencieux, sans discours, sans fanfares. Un groupe d'amis peu nombreux suivit la dépouille de celui qui avait connu à un si haut point les empressements de la foule. A la maison mortuaire, on était une trentaine : à part la députation de l'Académie, composée de Jules Sandeau et Émile Augier, trois écrivains, de Laprade, Alexandre Dumas fils, Louis Ratisbonne ; un seul homme politique, Emile Ollivier. Pas un républicain, pas un membre du Gouvernement provisoire.

A partir de Mâcon jusqu'à la tombe de Saint-Point où il allait rejoindre sa mère, sa femme et sa fille, le peuple des champs, qui gardait à son ami une tendresse fidèle, fit du convoi une apothéose de douleur, de poésie, d'amour. Le récit ému d'un des assistants nous dira combien dans ses chères campagnes, Lamartine était encore aimé :

« ... Le matin, la population entière de Mâcon est accourue à la gare pour recevoir mort celui qu'elle a si souvent admiré quand il était vivant. Elle l'a conduit à l'église et accompagné avec recueillement jusqu'aux dernières maisons de la ville. Alors sont arrivés les habitants des campagnes, tout le long de la route, précédés de leurs curés. A chaque station, il fallait ouvrir la voiture dans laquelle la bière était enfermée. La population s'approchait, jetait de l'eau bénite. Quelques-uns embrassaient le cercueil en sanglotant.

« La journée a été splendide. La nature

semblait se réjouir de sentir son poète à l'abri des fatigues et des douleurs. Le matin encore, les campagnes étaient blanches de neige ; mais, à mesure que le soleil s'élevait dans un ciel sans nuages, la neige fondait. Au départ, on eût dit un immense linceul ; au retour, c'était la verdure et la joie du printemps. Et ce n'est pas seulement pour les arbres de la route que le printemps avait en quelques heures remplacé l'hiver : c'était surtout pour celui que, dans notre langue mortelle, on appelait Alphonse de Lamartine.

« Que Dieu t'accorde le repos éternel ! » a dit le prêtre d'une voix entrecoupée par les sanglots. Que les hommes t'accordent la gloire éternelle ! ai-je ajouté dans mon cœur, car tu as bien mérité devant Dieu et devant les hommes.

« Oui, Lamartine est immortel au ciel et sur la terre ! Et pourquoi donc ? Est-ce parce qu'il a écrit *Jocelyn* et créé la nouvelle poésie française ? Est-ce parce qu'il a écrit *les Girondins* et créé une nouvelle forme de l'histoire ? Est-ce parce qu'il a été prophète inspiré et orateur souverain ?

« Non ; s'il n'avait été que tout cela, il aurait des rivaux. Il est l'incomparable parce qu'il est le seul qui ne soit pas asservi aux petitesses des partis ; parce qu'il est le seul qui ait pratiqué la politique de la générosité et de la grandeur d'âme ; parce qu'il est le seul qui n'ait jamais prononcé contre personne une parole de colère ; parce qu'il est le seul qui ait traversé sans haine ce monde de la haine [1] ! »

1. Émile Ollivier. Lettre à M. de Girardin.

XV

Quand je vis pour la première fois Valentine de Lamartine (c'était le nom dont tous la nommaient désormais), il y avait onze mois que Lamartine était mort. Le ministère libéral qui portait au pouvoir l'ami auquel il avait dû ses dernières assistances venait de s'établir. Une des préoccupations de cet ami fidèle était de tirer la pauvre fille adoptive de la gène où la laissait la mort de son oncle. Le capital de la pension de 25 000 francs, arrachée au Corps législatif trois ans auparavant, avait été abandonné aux créanciers, et la liquidation des derniers restes de l'ancienne fortune ne paraissait devoir donner, après que toutes les dettes auraient été payées, comme Valentine voulait qu'elles le fussent, que tout juste de quoi racheter Saint-Point, Saint-Point où était la tombe chérie et où elle voulait reposer elle-même un jour.

Sa famille s'était empressée autour d'elle. Ses sœurs n'avaient cessé de l'entourer de leur sollicitude, de leur tendresse. Astreintes, par leurs devoirs de famille, à ne manifester que de loin leur sentiment enthousiaste pour leur oncle, elles l'avaient souvent enviée avec une touchante émulation : « Il n'est pas une de nous, me disaient-elles, qui n'eût joué avec bonheur le même rôle que Valentine, tant notre oncle avait su se faire adorer de nous. » Et Valentine de son côté racontait : « C'était à qui m'offrirait un asile. Je n'aurais eu que le choix du foyer. Il est impossible de rencontrer une réunion de cœurs plus élevés et plus désintéressés que ceux de mes sœurs. » Valentine par délicatesse n'avait pas accepté ces appels fraternels.

Émile Ollivier, l'ami fidèle accablé par les affaires, compliquées en ce moment de l'assassinat de Victor Noir et de l'arrestation de Rochefort, m'envoya porter à Valentine l'assurance de sa sollicitude. Je me rendis au Chalet, 135, avenue de l'Empereur.

Au fond du jardin, dépouillé par l'hiver, je vis un bâtiment long et bas, dont le toit retombant et le balcon de bois, qui courait autour du premier et seul étage, rappelait un peu les constructions alpestres. Par une des portes-fenêtres qui permettaient d'entrer dans le rez-de-chaussée au niveau du sol, je pénétrai dans une pièce meublée de meubles démodés, dont l'élégance fanée avait cette poésie des vieux serviteurs témoins de longues existences. Une femme à la taille imposante, ployée par le chagrin, vêtue d'une robe noire sans ornement, était assise auprès de la cheminée. Elle se leva et je crus voir la statue de la Douleur. Ses traits encore beaux portaient les traces des veilles et des angoisses, le teint était d'une pâleur de cire, les yeux brûlés par les larmes, les lèvres contractées comme celles qui craignent de ne pouvoir prononcer une parole sans que le cœur déborde.

En effet, dès que nous eûmes échangé quelques mots, le cœur de la pauvre désolée déborda. Elle avait vu, à mon premier regard, que je l'avais comprise et plainte. Elle m'attira à elle, et m'embrassant : « Il est des êtres, me dit-elle, avec qui l'on a tout de suite un passé. » Il me semblait, en vérité, à moi-même que je la connusse depuis longtemps. La confiance, l'abandon, la tendresse, qui nous ont unies de si longues années commencèrent dès lors. En fondant en larmes, elle me raconta ses joies regrettées, ses peines poignantes. Je l'écoutais avec émotion.

Quand je me repris et que je pus regarder autour de moi, j'aperçus de tous côtés des souvenirs de Lamartine. Auprès d'elle, sur un petit guéridon, la photographie d'Adam

Salomon ; plus loin, sur une console, entre deux fenêtres, le buste en marbre sculpté par le même ; dans un angle, celui qu'avait exécuté le comte d'Orsay ; puis une copie du portrait de Gérard, une autre de celui de Scheffer. Je fus frappée de la ressemblance que les chagrins, l'âge, peut-être la longue conformité de pensée, de sentiment, d'occupations, avaient imprimée aux traits de Valentine avec ceux de ces diverses images. La remarque que je lui en fis amena sur ses joues une rougeur de plaisir. « Rien ne pourrait m'être plus doux, me dit-elle, que de penser que je le rappelle, que je le continue un peu ; je voudrais tant lui ressembler plus encore ! »

Tout en me parlant, elle caressait une levrette grise qui appuyait sa fine tête sur ses genoux ; de temps en temps, elle s'inclinait, prenait entre ses mains cette tête et l'embrassait sur les yeux. C'était Fido, le dernier chien de Lamartine.

J'avais raconté les intentions chaleureuses dont j'apportais l'assurance. Valentine n'en avait jamais douté, mais cette assurance lui fit du bien. Du reste, ce n'était pas d'elle qu'elle se préoccupait, c'était surtout de Saint-Point. Elle tremblait que la liquidation ne lui laissât pas de quoi reprendre le nid aimé. « Si l'État achetait Montceau un bon prix, me dit-elle, ou bien si on m'accordait une pension, toutes mes difficultés seraient terminées. »

Malheureusement l'État, sous la pression de l'opinion publique, était en train justement de faire des économies, et le Corps législatif paraissait, moins encore que la première fois, en humeur de se laisser toucher par une requête de ce genre. Emile Ollivier commença une tentative au sujet de Montceau : au premier mot qu'il en dit à ses collègues, une telle protestation lui répondit qu'il n'insista pas. Une espérance restait: Quoique Valentine ne voulût rien de la cassette impériale, une intervention de l'Empereur, une recommandation, pourrait peut-être vaincre la résistance de la Chambre et du ministère.

Je tentai de l'obtenir. Très bienveillant, l'Empereur me répondit avec douceur : « Je n'ai pas les moyens d'acheter Montceau. » Et, en effet, la publication des Papiers secrets a montré combien sa cassette privée était grevée par les pensions ignorées qu'elle fournissait de toutes parts, même à des ennemis. D'ailleurs ce n'était pas une somme d'argent que nous espérions. Mais l'Empereur ajouta : « Nous avons déjà fait beaucoup pour M. de Lamartine, je crois qu'il est impossible de demander encore une libéralité à la Chambre. »

Montceau fut donc vendu aux enchères, et mal vendu. Néanmoins, malgré les craintes de Valentine, la liquidation laissa de quoi racheter Saint-Point. Ses dernières ressources furent consacrées à cette acquisition.

Alors nous revînmes à l'idée d'une de ces pensions que l'Empereur pouvait donner seul, sans l'intervention du Corps législatif, sur l'avis du Conseil d'Etat. Emile Ollivier fut autorisé à provoquer un avis favorable du Conseil d'État lorsque les catastrophes inattendues se précipitèrent. La guerre provoquée par la Prusse interrompit, anéantit tous les généreux desseins de l'Empire libéral. Puis, la révolution mettant à profit les défaites de nos pauvres, belles, héroïques armées, renversa le ministère du 2 janvier.

En quittant le pouvoir, dans ces circonstances tragiques, Emile Ollivier n'oublia point Valentine. Il n'avait jamais demandé aucune faveur au gouvernement impérial. Il écrivit à l'Impératrice une lettre où il la suppliait de prendre en main la cause dont il n'avait pu assurer le succès et il adressa les mêmes instances au nouveau chef du Conseil d'État, M. Busson-Billaut. La souveraine et le ministre promirent également leur concours. La révolution du 4 septembre ne laissa pas le temps à leur bonne volonté d'être suivie d'effet, et Valentine retomba dans l'anxiété des incertitudes matérielles qui aggravaient son deuil filial.

Ses amis voyaient avec espoir l'avènement de la République. Ils croyaient que les derniers survivants de 1848, Thiers, Ledru-Rollin, Victor Hugo, etc., et les jeunes politiciens, leurs continuateurs, secourraient avec zèle, dans un sentiment de confraternité ou de gratitude, la dernière représentante d'un nom si célèbre dans les fastes républicains. Ils furent vivement déçus : les sollicitations de Valentine ne rencontrèrent que le plus mauvais vouloir. Après une longue suite de tentatives infructueuses, elle se rejeta de guerre lasse sur une combinaison très douloureuse, mais qui lui assurerait le pain quotidien.

La Ville de Paris lui avait laissé l'usage du Chalet où elle demeurait de longs mois.

Elle proposa de le rendre à la Ville moyennant une rente viagère de 12 000 francs. Le Chalet valait lui-même bien peu, mais ses jardins occupaient de vastes terrains d'un haut prix. Cette proposition, si avantageuse pour la Ville, ne paraissait devoir rencontrer aucune difficulté. Valentine, après s'y être résignée avec effort, la souhaitait avec impatience. — « Je ne sais plus à qui me vouer, m'écrivait-elle, ce tourment me ronge jours et nuits. Hélas! vous savez combien il m'en coûtera de quitter le Chalet et qu'il me faut une nécessité *absolue* pour le demander. J'arrive tout à fait au bout de toutes mes ressources, et si quelque chose ne se décide promptement, je me demande avec quoi je vivrai ». Juillet 1878.

Mais si elle ne sacrifiait pas le Chalet, c'était Saint-Point qu'il lui faudrait sacrifier et ce renoncement lui était plus cruel mille fois. « Si l'affaire échoue avec M. Alphand, je vendrai Saint-Point simplement ; ce me sera cruel, mais qu'est-ce qu'une blessure de plus? Ce sera bien la volonté de Dieu, puisqu'il aura permis que tant d'efforts, d'amitié, de dévouement, je puis dire (car il vous en faut à vous qui voulez bien en m'aidant, retrouver en moi son souvenir qui est *ma vertu*), puissent aboutir; je n'aurai rien à me reprocher, tout aura été fait pour garder cette tombe. Je me soumettrai à mon sort, tout en vous bénissant de tout ce que vous aurez fait pour me l'épargner.» (19 août 1878.)

Abandonner Saint-Point ! Si ce coup lui avait été donné, elle ne s'y serait pas résignée; comme elle disait, elle n'y aurait pas survécu. Il lui fut épargné.

Emile Ollivier soumit la proposition à M. Alphand, directeur des travaux de la ville en lui montrant à quelle extrémité était réduite celle qui lui proposait ce cruel marché.

Peu Lamartinien, M. Alphand répondit par des hésitations et un marchandage inattendus. Il ne concédait qu'une rente de 10 000, non de 12 000. Les amis de Valentine tinrent bon. Un an passa encore dans ce misérable débat. Il fallut l'intervention du Chef de l'État, c'était M. Grévy, à qui Valentine elle-même expliqua dans une audience sa situation, pour que, enfin, en 1879, après huit ans de démarches et de pourparlers, elle obtint, moyennant cette rente de 12 000 francs, la sécurité matérielle qui lui avait si longtemps manqué.

Le 9 août 1879, elle quitta pour toujours la demeure à laquelle elle avait dû renoncer. Elle y avait vécu deux ans avec son oncle, neuf ans seule, mais entourée de tant d'empreintes, de tant de reliques, de tant de souvenirs, qu'il lui semblait y être encore avec lui. Elle m'écrivit de Saint-Point :

« 17 août 1879.

« Il y a aujourd'hui huit jours que je vous ai embrassée pour la dernière fois dans cette maison et ce jardin que je quitte pour toujours. Mon cœur ne peut se remettre de la douleur de l'arrachement, et je me sens si blessée et si ébranlée ! Vous le comprenez trop bien pour que je dissimule devant vous comme je tâche de faire devant les indifférents, et il y en a tant ! Je ne puis pas ôter ma pensée de ce pauvre Chalet. Comment des murailles peuvent-elles ainsi faire part de notre moi ? Je ne le croyais pas possible à ce point avant d'en souffrir ainsi. Je pense à tout moment au déchirement qu'a dû éprouver mon oncle en vendant Milly. Je l'ai bien partagé dans le moment, mais combien je le partagerais plus et mieux maintenant ! J'en souffre pour lui dans le passé et dans le présent. Il me semble que son cœur se brise dans le mien et que j'en ai double douleur... Faites à votre mari mes amitiés. Je n'oublierai *jamais*, *jamais* ce que vous avez été l'un et l'autre pendant mes jours d'épreuves. »

ALPHONSE DE LAMARTINE

D'après une photographie d'Adam Salmon.

XVI

Pauvre Chalet ! Il n'en existe plus aucune trace aux lieux où il s'élevait. Son terrain, vendu très cher par la Ville de Paris, est occupé maintenant par trois somptueux hôtels qui ne laissent rien deviner de la maisonnette sacrée ; des petits jardins élégants, des cours aux vastes communs, couvrent l'emplacement des pelouses et des allées où Lamartine a marché ses dernières promenades, et pas une pierre, pas une de ces inscriptions dont on est tant prodigue ailleurs, ne rappelle que c'est là que fut exhalé le dernier soupir de celui qui, comme poète, homme d'État, orateur, historien, restera une des plus impérissables gloires de notre France.

Les jours y avaient été sévères et douloureux, mais les consolations n'y avaient pas manqué. Combien souvent les amis assidus en franchirent le seuil ! Valentine les accueillait deux fois par semaine, le mercredi et le dimanche, les deux jours de joie de son passé, où, quand elle était loin de son oncle, elle recevait sa lettre habituelle. Ces amis étaient la spirituelle sœur du maréchal Baraguay d'Hilliers, Mme de Danrémont et son aimable fille Mme de Charnailles ; l'affectueux marquis de Lagrange, M. Dupont-White, esprit original, cœur élevé ; Mme de Montherot, et ses sympathiques enfants, M. Charles de Montherot, aujourd'hui propriétaire de Saint-Point et Mme de Beaumont ; la gracieuse Mme Tamburini, le dévoué M. Dumesnil, le doux et délicat M. de Ronchaud, le bouillant M. Huber-Saladin, le poète exquis M. Grenier, la belle Mme Hubert-Delisle, la ravissante Mme Caillié et, aussi séduisante qu'au temps où Chateaubriand célébrait son éblouissante beauté, la duchesse douairière de Gramont, mère de l'ancien ministre des affaires étrangères, qui charmait tous les jeunes par ses vieux récits, etc. Chacun avait son habitude, les uns venaient le dimanche, les autres le mercredi, mais aucun ne laissait passer la semaine sans avoir accompli le pèlerinage d'amitié.

Un jour, à travers les vitres, les visiteurs virent se passer dans le jardin une scène étrange. Deux laquais en grande livrée, descendus d'une voiture armoriée, avançaient, l'un portant une bêche, l'autre un minuscule cercueil recouvert d'un drap noir. Tous deux s'arrêtèrent au pied d'un arbre. Celui qui portait la bêche creusa une fosse. Ils y déposèrent le cercueil, le recouvrirent de terre, puis se retirèrent gravement. C'était un petit chien trépassé que sa maîtresse désolée, la comtesse de Chambrun, avait obtenu, ne pouvant l'inhumer en terre sainte, de mettre au moins dans un sol consacré [1].

Nous, les voisins, nous aimions mieux venir le soir à huit heures, et, sauf de rares exceptions, nous y allions à peu près tous les jours. Nous y rencontrions une femme éminente que le monde n'a pas connue parce qu'elle a gardé pour son foyer les

1. Cet hommage restera un des plus singuliers qu'ait reçus la mémoire du grand homme. Elle en obtint un bien plus étrange lors de la commune de 1871. Notre maison de Passy avait été confisquée pour son usage particulier par un fédéré. Il avait trouvé dans un des placards la photographie encadrée de Lamartine par Adam Salomon. S'en emparant aussitôt il l'avait suspendue dans notre petite salle à manger, puis, s'étant nanti dans un hôtel voisin d'un superbe bureau Louis XV, il l'avait placé au-dessous de la grande image, et c'était là qu'il travaillait aux écritures très sommaires que lui imposait son rôle de chef de bande. Le malheureux Napias Piquet, c'était le nom de ce Lamartinien, a été fusillé dans le parc de la Muette, le bureau a été rendu à son propriétaire, mais la photographie d'Adam Salomon est restée suspendue, en commémoration, à la place où l'avait mise son admirateur imprévu.

trésors de son esprit et de son cœur, Mme Adam Salomon, la femme du célèbre sculpteur, talent élevé, esprit enthousiaste et fin sous des dehors bizarres, dont les excentricités avaient fait, plus d'une fois, rire aux larmes Lamartine. D'autres fois, c'était M. de Ronchaud, qui ne se contentait pas de ses visites du jour, et nous savourions cette rare jouissance de la causerie qui peut embrasser les sujets les plus familiers et monter aux sujets les plus hauts dans l'enjouement et l'aisance d'une cordiale sympathie. Valentine nous recevait dans la chambre où le grand homme avait exhalé « l'irrévocable adieu » et qui était devenue sa chambre à elle-même. A côté du lit à colonnes, où sur le damas bruni des rideaux brillait le crucifix d'ivoire qu'avaient touché les lèvres d'Elvire, nous causions avec le respect libre et paisible de ceux qui n'oublient jamais. Nous nous racontions tout ce que nous avions recueilli dans le jour, nous dissertions sur les temps passés et les temps présents. Nous nous demandions, à propos de tel ou tel événement, si Lamartine eût été bien fier de la République, dont sa tentative de 1848 avait facilité l'installation. Valentine s'écriait que non. M. de Ronchaud, républicain ingénu, désintéressé, qui vécut et mourut pauvre, soutenait avec bonhomie que toute grande invention, après avoir demandé un génie, pour la découverte primordiale, ne voulait plus que des hommes de métier plus ou moins médiocres dès qu'elle tombait dans le domaine du fonctionnement mécanique, et que Lamartine ne s'étonnerait pas si ses successeurs profitaient (Dieu sait combien !) de la permission d'être médiocres...

Sauf moi, tous ceux qui étaient là avaient connu personnellement Lamartine, et naturellement nous parlions sans cesse de lui. Valentine y revenait à propos de tout. Mais c'est surtout à Saint-Point qu'elle était, comme cette étoile chantée par lui, le

Doux reflet d'un globe de flamme.

Qu'elle apparaissait noble, gracieuse, profonde, attachante dans ce temple de reliques dont elle s'était constituée la gardienne, sous ce vieux toit où il avait partagé avec elle l'amertume de ses peines, près de ce village où tant de bonnes gens encore se rappelaient la douceur de sa grâce, à l'ombre de cette « chère vallée où tout, même le tombeau qui garde et qui attend, parle de tendresse, de repos, d'espérance. »

Elle aimait ce lieu avec passion, mais elle n'y revenait jamais sans douleur.

« J'ai, toutes les fois que je rentre dans cette maison vide, un remous de tristesse qui me submerge. N'entendre que mon pas là où tout était si chaude tendresse, ne retrouver qu'une tombe !... Mais Dieu le veut ainsi, c'est donc pour le mieux, sinon pour ici-bas, du moins pour là-haut, notre vrai *home*, dont rien ne nous chassera et qui ne sera jamais vide. Voilà ce que je me dis sans cesse, mais notre pauvre nature humaine est difficile à convaincre. »

Avec une coquetterie pieuse, elle se plaisait à décrire son vieux château, fière des rusticités que son oncle aimait, désireuse de faire partager à ses amis ses attendrissements touchants et ses poétiques indulgences.

« Ici, tout est dans le détail, le champêtre doux et retiré, c'est une petite thébaïde pour l'isolement où il y a des coins arcadiens. Vous aimerez cette chère ruine ; elle me semble plus délabrée que jamais; les escaliers sont noirs et ébréchés, les portes crient sur leurs gonds ; vous serez accueillie, comme dans une ferme, par des troupeaux de poules, dindes et paons ; vous mangerez du pain fait à la maison avec le blé du pays, du lait des vaches qui viennent brouter l'herbe jusque sous les fenêtres, et si la demeure des cochons n'ouvre pas sur la cour d'entrée, elle en est bien voisine. Je suis pour ma vieille retraite comme les amoureux, je l'aime sans pouvoir la juger. Ne contient-elle pas tous mes souvenirs et mon seul trésor, *sa* tombe! »

On n'avait aucune disposition à la contredire. A Saint-Point le paysage est médiocre, l'architecture décousue ; la vue, sauf l'échancrure de montagne qui découvre l'horizon jusqu'à Cluny, bornée. Mais, parmi les pierres grises drapées de glycines, se dressent un porche et une aile de style florentin ajoutés par Lamartine ; sa chambre à coucher s'ouvre sur la terrasse à côté de son cabinet de travail, petite cellule basse, voûtée, qu'il a décrite dans la préface des *Recueillements;* derrière un rideau d'arbres surgit le clocher de l'église où, d'une voix étouffée par les larmes, le curé avait psalmodié les prières des funérailles; à gauche du portail s'apercevait le tombeau ; dans la cour se promenaient des paons auxquels Lamartine donnait du pain ; des chiens qu'il avait flattés de sa main ; puis, là-bas, sur un des versants de la vallée, s'élevait, étendant de vastes et majestueux rameaux, le chêne de Jocelyn, sous lequel il avait écrit ses plus beaux chants.

Tous les matins, à six heures, Valentine se rendait à la messe, tous les soirs, à la même heure, elle allait prier sur la tombe. En dehors de ses dévotions, et des quelques instants qu'elle passait dans le cabinet de travail, elle semblait uniquement occupée de ses devoirs de maitresse de maison. On n'eût jamais soupçonné, à la voir si soucieuse du contentement de ses hôtes, si intéressée à leurs affaires, à leurs projets, à leurs impressions, si oublieuse des difficultés matérielles sous lesquelles elle se débattait, les blessures qui saignaient dans son âme. On était, dans les moindres choses, l'objet d'une attention chaude, délicate, discrète, constante, et l'hospitalité était douce et complète, dans les chambres pavées d'un carrelage usé, parmi les tentures fanées, les meubles qui ne tenaient debout qu'à force de soins, à la table abondante et simple où servait Franck, autrefois valet de chambre de Lamartine, aujourd'hui cuisinier émérite autant que solennel majordome.

Dans ce cadre poétique, les sœurs de Valentine qui venaient l'entourer chaque été, s'adaptaient à merveille. Mme de Belleroche, belle, sereine, souriante, répandait la paix qui était en elle; Mme de Beer, et Mme de Sennevier, les deux jumelles, qui, enfants, avaient vécu chez Lamartine, séduisaient par leur grâce piquante et insinuante. Chacune avait une fille, Léontine de Belleroche, suave et délicate figure, Mina de Beer, élégante et gracieuse; Valentine de Sennevier, brillante de beauté et d'espièglerie, qui mettaient dans le vieux manoir les notes fraîches de leur jeunesse. Une sœur manquait à la réunion de famille, c'était Alix de Pierreclos, morte en 1874; sa fille, la très distinguée Mme de Parseval, la remplaçait.

Mme Alphonsine de Sennevier, la préférée de Valentine, était souvent retenue au loin par les fonctions de son mari, consul général depuis 1848. Mais la République ayant mis brusquement à la retraite le neveu de Lamartine, Valentine, avec une joie mêlée de peine, vit revenir auprès d'elle cette sœur chérie.

« Les chers Sennevier me sont arrivés ; ma sœur, bien maigrie par suite des terribles secousses et de toutes les émotions que lui a données cette retraite inattendue. Comme toujours, elle accepte *tout* sans une plainte, sans une amertume de la volonté de Dieu et du mauvais vouloir des hommes. Elle est douce *envers la vie* : c'est bien plus difficile que d'être douce envers la mort. » (17 juin 1880.)

Valentine n'avait guère à se féliciter de ses rapports avec le monde républicain !

Le parc de Saint-Point, dominé par le cimetière du village, devenu trop étroit pour ses trop nombreuses sépultures, en recevait parfois des pestilences très malsaines. Tous reconnaissaient la nécessité, pour la salubrité du village lui-même, de transporter dans un autre coin de la vallée le champ du repos. Mais Saint-Point partageait la gloire, chère à tant de communes, de jouir d'un conseil municipal radical. Et celui-ci pour ne pas complaire au *château*, se refusait obstinément à une translation très facile, car on possédait le terrain et toutes les autorisations. On sollicita, on pria, on fit agir les hommes influents, rien ne put vaincre le mauvais vouloir des démagogues, et la pauvre châtelaine, dont la santé souffrait sensiblement de ce voisinage malsain, n'en obtint la suppression que peu de mois avant de quitter elle-même ce triste monde.

« Ce diable d'homme, disait Lamartine quand on lui lisait *les Paysans* de Balzac, il a donc vécu à Saint-Point ! »

XVII

Ce qui entretint le plus le courage de la vaillante femme en son deuil inconsolé, ce fut la vogue florissante, constante des œuvres de son oncle. Dans les années les plus difficiles de ses inquiétudes matérielles, la publication de la Correspondance l'avait soutenue par l'espoir d'un nouveau succès littéraire.

La Correspondance n'a pas eu, n'a pas encore, malgré son intérêt et son intimité éloquente, ce succès. Mais l'erreur du goût public sera un jour réparée, comme d'autres qui étonnent notre temps, et l'espérance de Valentine sera justifiée.

« M. de Ronchaud, qui a bien voulu

venir partager ma solitude, m'a quittée au milieu de décembre pour retourner dans son haut Jura. Nous avons beaucoup travaillé ensemble, j'ai trouvé des trésors de lettres de jeunesse commençant en 1807 et se finissant années par années. C'est une biographie pleine des plus ravissants détails qui font connaître M. de Lamartine sous un jour tout nouveau et tout à fait inattendu ; on voit se transformer son génie. Il y a beaucoup de vers inédits. Il me semble impossible que cette publication ne fasse pas une émotion dans le public. Nous en étions comme enivrés et du matin au soir, nous classions, copions, etc., etc. Je ne me permettais pas de distraire une minute à ce travail que je vais reprendre[1]. »

Mais si la Correspondance n'eut pas le succès qu'elle méritait, du moins l'œuvre déjà connue du poète continua à jouir de

1. Lettre à M. Édouard Grenier, 8 janvier 1872.

la faveur du public et à donner de magnifiques droits d'auteur.

On s'est imaginé ces dernières années, que l'étoile littéraire de Lamartine, après une éclipse totale, ne recommence que depuis peu à briller de tout son éclat. C'est une erreur.

Sans doute Lamartine, comme tous les hommes de génie, n'a pas cessé d'avoir ses détracteurs, et ses détracteurs n'étaient pas toujours les premiers venus. Un soir, à un dîner chez la princesse Mathilde, j'étais assise entre le prince Napoléon et M. Taine, et j'entendis celui-ci m'enseigner avec une conviction éloquente, qu'il n'y avait de poètes que dans la littérature anglaise : deux surtout, Shakespeare et Élisabeth Barret-Browning, qui, même, tout bien considéré, pouvaient être salués comme les *seuls* qui eussent fait de la véritable poésie.

« — Mais en France ! nous avons aussi de grands poètes, m'écriai-je.

« — Aucun, répliqua M. Taine.

« — Ah ! fis-je interloquée... Et Lamartine ?

« — Lamartine, dit le prince Napoléon, qui nous écoutait, n'est qu'un musicien. »

A quoi M. Taine fit un signe d'assentiment.

Beaucoup de coteries littéraires et mondaines pensaient alors comme le prince et comme le philosophe. Les uns n'aimaient que Musset, les autres que les Parnassiens, les autres rien du tout. Mais la foule, qui pousse son grand flot par-dessous toutes ces appréciations superficielles allait avec la même constance qu'aux meilleurs jours au poète des *Méditations*. Nous en avons le témoignage incontestable dans le relevé du nombre d'exemplaires vendus, publiés chaque année par la Société propriétaire des œuvres de Lamartine. Son bilan résumé donne, de 1869 à 1895, 585 893 volumes vendus, soit 302 840 francs de droits d'auteur. Et la vente la plus considérable se place de 1869 à 1882, non de 1882 à 1895 [1].

TITRES DES OUVRAGES	DE 1869 A 1882		DE 1882 A 1895	
	NOMBRE des volumes	DROITS D'AUTEUR	NOMBRE des volumes	DROITS D'AUTEUR
Jocelyn	42 251	27 500 »	22 500	16 850
Premières Méditations .	22 626	15 050 »	16 000	10 550
Nouvelles Méditations .	22 625	15 050 »	14 000	9 200
La Chute d'un Ange . .	19 251	13 700 »	9 000	6 200
Harmonie	16 251	11 500 »	18 000	8 750
Recueillements	8 751	7 000 »	8 500	5 900
Voyage en Orient. . . .	18 900	12 940 »	7 000	5 800
Les Girondins	29 1[illegible]	16 453 60	10 000	6 400
Les Confidences.	7 000	2 800 »	6 500	3 800
Les Nouvelles Confidences	4 000	1 600 »	5 000	3 200
Lectures pour tous . .	15 000	7 500 »	7 500	4 750
Mémoires inédits. . . .	4 500	3 750 »	»	»
Souvenirs et Portraits.	9 000	3 600 »	500	200
Manuscrit de ma Mère .	7 000	4 000 »	4 300	2 000
Graziella.	59 000	7 100 »	47 251	10 225
Raphaël	28 000	3 275 »	25 251	10 600
Le tailleur de pierres .	15 000	1 875 »	20 051	6 155
Etc., etc.				

Cette Société à laquelle Lamartine avait,

1. Tableau distribué aux membres de la Société des œuvres de M. de Lamartine.

quelques années avant sa mort, vendu ses droits d'auteur, en ne se réservant que ceux de gros actionnaire, est chargée de surveiller l'intégrité des impressions, la diffusion des œuvres et les traités à passer avec les éditeurs. Son président fut d'abord Emile de Girardin. Emile Ollivier lui succéda. Elle a réuni dans son sein tous les amis survivants de Lamartine; elle ne compte plus aujourd'hui, sauf un seul, que des admirateurs. Chaque année, elle tient une séance où l'on lit des comptes rendus des publications, où l'on nomme les membres remplaçants, et délibère sur les mesures à prendre pour propager la gloire de celui qui a dit :

Ainsi tout change, ainsi tout passe
Ainsi nous-mêmes nous passons,
Hélas! sans laisser plus de trace
Que cette barque où nous glissons
Sur cette mer où tout s'efface!

C'était chez Valentine que se tenait l'assemblée annuelle. Elle y assistait, assise dans un coin du salon, à quelques pas du bureau où siégaient le Président, le gérant et le secrétaire, en face des actionnaires rangés en cercle sur des fauteuils, silencieuse, attentive, heureuse du succès toujours soutenu de cette gloire qui ne pâlissait pas, et remerciant par tout son regard, toute son attitude, les dévoués qui travaillaient à la perpétuer, et qui, grâce au concours intelligent de la grande Maison Hachette, l'ont

... contre le temps défendu de l'oubli.

Bien avant les fêtes du centenaire, elle connut des manifestations publiques dont la ferveur la remuait. Avec cette dignité, dont elle a constamment revêtu son rôle d'héritière d'un grand nom, elle préférait cependant ne les voir que de loin.

« Demain aura lieu une grande ovation

organisée par la *France*[1], je suis trop souffrante pour y aller..., voilà la raison que je donne à qui s'étonne de ne pas m'y voir. Mais à vous à qui je dis la vérité, parce que vous savez tout comprendre, je dirai que, même bien portante, je ne me serais pas senti le courage d'y aller. Tout ce qu'on dira ou fera pour *lui* ne pourra jamais satisfaire mon cœur dans l'immensité de sa tendresse pour lui et de l'idéal *vrai* qu'il garde de lui. Ce serait une immense émotion très douloureuse et voilà tout. Puis, comment y être? *in fiocchi*, en grande loge, avec les ordonnateurs de la fête, comme on est venu me l'offrir? Ce n'est pas ma place. Ce serait un manque de convenance, de dignité, une exhibition malséante de moi, de mon culte, de mon respect pour lui. Non, ma place est à *son foyer*, dans l'ombre, et mon deuil, loin de tout ce qui est foule,

1. Dirigée alors par M. de Girardin.

entourée de ses amis qui sont restés les miens. Je ne comprends pas une autre vie, et c'est celle dont je ne veux pas sortir, parce qu'ainsi je me sens *dans sa volonté*. Suivre cette volonté, voilà le but de ma conduite et la seule consolation qui me reste. Ne suis-je pas ensevelie avec lui? » (15 janvier 1876.)

Les pèlerinages à Saint-Point, de tout temps nombreux et recueillis, lui étaient une douceur sans mélange. En 1878, pendant qu'à Mâcon, on inaugurait la statue due à Falguière, elle les recevait sans quitter le vieux château, contente de le voir animé par une foule admirative à laquelle elle eût voulu associer le monde entier.

« Saint-Point ne cesse d'être visité. Samedi, c'était un flot humain, tout le monde parlait bas comme dans une église. Cette visite a été des plus touchantes, tout le village transformé, paré de verdure, d'inscriptions attendrissantes, les visiteurs *profon-*

dément émus, je puis dire pieux. C'était unanime, et il y avait une foule de journalistes, gens peu sensibles cependant. Pour Mâcon, le bruit me revient que c'est un enthousiasme *indescriptible*. Il est arrivé plus de soixante mille étrangers; il n'y a qu'un cœur, qu'une âme en Lamartine; la ville est pavoisée du haut en bas; on crie : « Vive Lamartine! » c'est beau et émouvant. Tout cela m'arrive, porté par le vent, de mille côtés. Je suis profondément bouleversée de tout ce qui se passe; joie et douleur se disputent mon cœur. » (19 août 1878.)

Les fêtes du centenaire ne la surprirent pas. Elle écrivait : « Pour moi, si j'ai joui j'ai encore plus pleuré en pensant que tous ces hommages, tous ces enthousiasmes ne s'adressaient plus maintenant qu'à une tombe ! et je reste encore très brisée de tant d'émotions, mais comme Magdeleine au tombeau du Christ, je dis : *Je savais bien qu'il n'était pas mort!* »

Elle se plaignit aussi dans l'intimité, que l'éclat de ces fêtes eût été moindre que celui de l'ovation faite à Victor Hugo à l'occasion de ses quatre-vingts ans. Du reste, elle l'avouait avec une bonne grâce émouvante, jamais, quelle que fût sa reconnaissance des hommages rendus à son oncle, elle ne les trouvait à la mesure de ce qu'il méritait. Cet aveu revenait sans cesse sur ses lèvres dans nos épanchements. Même lorsqu'elle avait remercié, même lorsqu'elle avait paru satisfaite, elle ne l'était pas, et ressentait plus de désappointement que de plaisir.

« J'ai été très secouée ces jours-ci par le livre de M. A... Il l'a écrit avec amour, il s'y est donné tout entier. Personne ne garde ce grand souvenir avec une plus chaude et respectueuse admiration. Je me suis noyée dans ce passé; mais, tout en rendant justice et affection à l'auteur que j'aime tendrement, je ne puis en être complètement satisfaite. Je fais des réserves, des critiques... Il est vrai que je suis *insatisfaisable*. C'est Lamartine, mais ce n'est pas encore lui. M. de Ronchaud trouve comme moi que la vie, le rayonnement, n'y sont pas. » (10 décembre 1884.) — « Je suis pour sa mémoire comme pour ses traits, aucun portrait, aucune statue ne pourront jamais rendre l'idéal qu'il a laissé dans mon âme, mon cœur et mes yeux. » (1890.)

Et il en fut toujours ainsi. Qui pouvait s'offenser de cette exigence, lors même qu'elle fût injuste ?

XVIII

La santé de Valentine était depuis longtemps délabrée. A la suite d'une maladie d'estomac qu'elle eut vers sa trentième année, elle avait à peu près perdu la faculté et l'habitude de se nourrir. Quelques cuillerées de potage, un œuf, une bouchée de légumes, deux ou trois minces tartines de pain grillé et deux tasses de thé composaient une alimentation quotidienne dont l'extrême sobriété ne lui évitait pas toujours de pénibles souffrances. D'affreuses névralgies la torturaient nuit et jour; une toux qui peu à peu devint continuelle l'épuisait. Sa maigreur, sa pâleur, ses yeux battus, ses lèvres décolorées, faisaient mal à voir, et malgré son énergie, ses forces la soutenaient de moins en moins.

Sa résignation, sa douceur, n'étaient pas moins constantes. Sa destinée, malgré tout, lui paraissait si belle !

« Je n'ai pas encore senti l'*ennui*, mais je n'en dirai pas autant de la tristesse, chose bien différente ; regretter n'est-ce pas encore aimer ? » (22 octobre 1879.)

Puis encore :

« Le brouillard et la pluie me saisissent la poitrine. Il faut apprendre à vivre en faisant la part à un ennemi quelconque : un peu de souffrance est dans toutes les parts, et moins qu'une autre j'ai le droit de me plaindre. » (1er février 1880.)

Lorsqu'elle eut quitté le Chalet, elle abrégea beaucoup ses séjours à Paris. Aussitôt après la réunion des actionnaires, qui avait lieu dans les derniers jours de mai, elle regagnait Saint-Point, où elle restait jusqu'à la fin de décembre. Ces longs mois dans une résidence froide et humide, agréable aux jours chauds seulement, et soumise aux influences délétères de son voisinage insalubre, achevèrent de la miner.

Frappés dans notre vie intime par un dur malheur, nous vînmes fort peu à Paris, à une certaine époque. Ses admirables lettres nous apportaient alors cette expérience compatissante de la douleur si secourable aux véritables douleurs.

« Je suis, si c'est possible, encore plus pénétrée de *sa* pensée, aujourd'hui où l'Eglise fête les chers absents et mêle aux sanglots de la mort le cri d'espérance, de certitude de la réunion : je reviens de la tombe et de l'église, j'ai l'oreille encore pleine du glas lugubre qui n'a cessé depuis hier et toute la nuit d'envoyer sa plainte dans tous les plis de la vallée et de mon âme. J'ai uni au souvenir et aux larmes que je donnais à celui qui a été et qui est toujours la moelle de mon cœur, la vie de ma vie, les chers êtres que vous pleurez. Ayons, nous qui restons, courage et patience. Dieu ne trompe pas ceux qui espèrent en lui. » (2 novembre 1881.)

. . . .

« Vous ne m'aviez pas écrit votre projet de voyage à Rome, mais je le savais et je m'en étais réjouie. Rien n'est meilleur pour les douleurs de l'âme, comme pour celles du corps, qu'un déplacement. Le mouvement, l'obligation de s'occuper des choses de la vie, la diversité des paysages ne consolent ni ne guérissent, ils endorment la douleur et l'empêchent de vous dévorer le cœur. On rentre ainsi dans la vie réelle où il faut toujours revenir une fois. La vie ne s'arrête pour personne. On croit d'abord qu'on pourra s'asseoir sur la route à pleurer en laissant passer les vivants. Mais non, il faut marcher aussi, reprendre le fardeau et ne laisser couler ses larmes qu'en dedans. Ce sont les plus amères, croyez-le, et les années ne les tarissent pas. » (Décembre 1881.)

Ces larmes qu'elle versait en dedans, la mort seule devait les tarir. Elle approchait. Deux fois, à la suite de congestions pulmonaires, nous la crûmes là. Valentine y échappa comme par miracle, mais elle resta brisée, anéantie, se traînant à peine, nous désolant par tous les signes funestes qui annoncent que le répit accordé sera bien court.

Elle eut encore le temps cependant de savourer des peines et des amertumes nouvelles. M. Louis de Ronchaud [1] et M. Du-

1. « Je perds en lui, non seulement un ami, mais aussi un conseiller si sûr, pour tout ce qui touchait l'œuvre de mon oncle ; quand il en parlait tout s'illuminait en lui, il redevenait jeune et était nourri de son grand souvenir. Sa mémoire comme son cœur étaient comme pleins de *lui*, il l'avait aimé depuis sa jeunesse, vivant sans cesse près de *lui*. Je retrouvais en l'écoutant des *mots*, des anecdotes *qui le* faisaient revivre dans ma mémoire. — Il avait une grande intelligence, le feu sacré de tout ce qui est grand et beau, —

mesnil, associés de tous les instants à son zèle pour la mémoire de celui dont ils avaient été les amis, furent emportés à peu d'intervalle et laissèrent deux vides impossibles à combler dans le cercle sans cesse rétréci qui l'entourait encore. Plus solitaire, plus malade, plus triste que jamais, elle s'était vue aussi abandonner par Franck, le vieux serviteur de Lamartine. Elle en ressentit un vif chagrin, car elle était maternelle et affectueuse envers ses domestiques, continuant en cela encore une tradition de son oncle.

Un jour, elle nous fit appeler : c'était pour nous dire adieu et recommander une dernière fois la Société des Œuvres. Elle expira peu après entre les bras de Mme de Parseval, de Mlle de Belleroche et de

il s'effaçait trop : seuls, nous qui le connaissions, nous pouvions nous rendre compte de sa haute valeur. Je ne puis accepter la pensée que nous ne nous reverrons plus !... » A M. Édouard Grenier, juillet 1887.

M. Charles de Montherot, le 17 mai 1894.

Sur ce cercueil, on eût pu écrire ce que Lamartine avait écrit sur le cercueil de sa mère :

Là dorment soixante ans d'une seule pensée.

Cette pensée, ou plutôt ce sentiment, était devenu son être même. Comme elle se plaisait à le dire, faire ce que voulait son oncle bien-aimé, quand il était là, faire ce qu'il aurait voulu, quand il n'y était plus, fut son unique ambition. Elle donna avec plénitude à son cher mort cette joie, qui doit ajouter aux béatitudes mêmes des élus, de se voir ici-bas obéi, écouté, deviné comme s'il n'était point parti. Quelle piété est plus pieuse, quel hommage plus glorificateur?

Son testament nous la rendit avec toutes ses abnégations et toutes ses sollicitudes.

Pour elle-même, elle demandait bien peu.

« Je veux être enterrée dans le caveau de la chapelle du cimetière de Saint-Point, où est enterré mon oncle ; le caveau après moi sera clos et scellé.

« Je veux un enterrement très modeste, un simple drap noir sur ma bière.

« J'interdis formellement toutes lettres de part ou d'invitation ; si je meurs à Paris ou ailleurs qu'à Saint-Point, on y rapportera mon corps.

« Les religieuses du petit couvent veilleront aux soins de la tombe que je recommande aussi très particulièrement à ma nièce Léontine de Parseval. »

Mais pas un ami n'était oublié : chacun avait une pensée qui témoignait encore de sa tendresse.

Pas un ami non plus ne l'oubliera. A partir de ses premières étapes, souvent bien courtes, hélas! la vie ressemble à cette Via

Appia qui, à travers les solitudes, se déroule bordée de tombeaux. Heureux encore qui peut, en se retournant vers la route parcourue, en rencontrer de semblables à celui sur lequel vient de s'arrêter mon triste et reconnaissant souvenir.

RAPPORT

FAIT

Au nom de la Commission[1] chargée d'examiner le projet de loi relatif à une récompense nationale à accorder à M. de Lamartine.

PAR M. ÉMILE OLLIVIER

Député au Corps législatif.

MESSIEURS,

Mon rapport pourrait être fait en un mot : la nation française accorde une récompense nationale à Lamartine. Que peut-on ajouter qui soit digne d'un tel nom?

Quoique médire de son temps ait toujours

1. Cette Commission est composée de MM. le général marquis de Luzy-Pellissac, *Président;* le comte Welles de La Valette, *secrétaire* ; Brame, Emile Ollivier, Jubinal, Chevandier de Valdrôme, le comte de Las Cases, de Choiseul, de Guilloutet.

Les Conseillers d'Etat, Commissaires du Gouvernement, chargés de soutenir la discussion de ce projet de loi, sont MM. L'Hôpital et du Berthier.

été une mode française, j'oserai dire qu'aucun siècle, pas même le seizième, ne me semble plus grand que le nôtre. Il a dépassé à peine sa moitié, et déjà il a accompli dans toutes les directions des œuvres mémorables; il a résolu ou posé avec audace les problèmes fondamentaux; il a recommencé l'histoire, même celle qui avait paru définitive; il a renouvelé la littérature et la philosophie, débarrassé l'art, selon le charmant langage de Montaigne, « des « inventions livresques par lesquelles nous « avions tant rechargé la beauté de notre grande « et puissante mère nature »; plus favorisé que ses devanciers dans la lutte contre les fatalités physiques, il a étendu de toutes parts la domination de l'homme sur la matière; il a détruit les derniers restes de l'organisation féodale; préparé ou accompli l'avènement de la démocratie, adouci les mœurs, perfectionné les lois, rapproché les peuples. Il lui reste à tenter, dans l'ordre moral, la réforme qu'il a réalisée dans l'ordre scientifique, artistique, politique, juridique, international, et à donner à la stabilité sociale ses garanties véritables en scellant l'alliance de la démocratie et de la liberté par la main de la justice : il le fera.

Dans ce siècle remarquable, y a-t-il eu beaucoup d'hommes qu'on puisse comparer à Lamartine ? Y en a-t-il beaucoup qui aient contribué davantage à la grandeur commune ? Y en a-t-il eu beaucoup qui aient déployé leurs facultés avec autant d'ardeur dans les sens les plus divers, qui se soient donnés aux autres avec plus de prodigalité, qui aient plus et mieux travaillé au perfectionnement individuel et national ? De quelque côté qu'on regarde, on l'aperçoit debout comme un guide inspiré qui, du doigt, indique la route.

Par une intuition du génie, et aussi comme si la Providence avait voulu marquer de suite à quelles destinées elle le réservait, Lamartine fut d'abord un poète. A la suite des péripéties prolongées et des luttes sanglantes de la Révolution et de l'Empire, c'était le cœur surtout qui demandait à être consolé. Or, les poètes sont des consolateurs. Alors n'avaient chanté ni Hugo, ni Vigny, ni Musset, ni Laprade, ni aucun de ceux qui ont été depuis notre fête et notre rafraîchissement. La poésie était aride, abstraite, déclamatoire ou prétentieuse, toute tournée aux jeux d'esprits. Aussi ne saurait-on rendre, au dire des contemporains, la surprise, l'émotion, la joie, l'enthousiasme, le ravissement qui, de toutes parts, éclatèrent lorsque parurent les *Méditations*, puis tous ces poèmes sublimes et doux, familiers et nobles, qui seront aussi éternels que le printemps, que la jeunesse, que la joie, que la douleur, que l'espérance, que les regrets, et, selon l'expression du grave Cuvier, que le chant du rossignol dans les bois. De ce jour vraiment on oublia les tragiques souvenirs, et l'on s'abandonna de nouveau aux ivresses de la vie.

L'humanité a de l'immortalité pour toutes les gloires; mais il en est une plus chère que toutes les autres, et aussi plus profonde, et plus haute, et plus intime, qu'elle réserve à ceux qui ont travaillé pour ce qu'il y a en elle d'immuable et de perpétuellement semblable, au travers des transformations extérieures du monde, des lois et des coutumes. Combien il serait facile de citer de livres qui remuèrent les esprits, qui furent l'entretien du monde et dont le souvenir ne s'est perpétué que dans l'esprit des érudits! Au contraire, quand perdra-t-on la mémoire de l'*Imitation*, des *Petites Fleurs de saint François*, de *Paul et Virginie*?

C'est qu'en effet être instruit, éloquent, puissant, diriger les empires, conduire les batailles, préparer les lois, cela ne sera jamais que le lot de quelques privilégiés de la nature ou de la destinée; tandis qu'aimer, souffrir, pleurer, mourir, c'est le lot inévitable de tous, des plus élevés comme des plus humbles. Voilà pourquoi, si on y regarde de près, les hommes les plus aimés de l'humanité ne sont pas ceux qui l'ont gouvernée, conduite dans les affaires, commandée dans les batailles, dirigée dans les sénats ou dans les parlements, mais bien ceux qui lui ont appris à aimer, à souffrir, à pleurer, à mourir, et qui ont fait quelque chose *pro remedio animæ*, pour le soulagement de son âme. Lamartine a été un de ceux-là. *Jocelyn*, notamment, restera comme un de ces livres d'élection, transmis par les mères aux enfants, qu'on lit avec passion au début de la vie, alors que le cœur épanoui cherche ou attend, et qu'on relit avec attendrissement au déclin, alors que le cœur meurtri se souvient ou regrette; qui dans l'affection apaisent et dans le bonheur dilatent, et qui toujours opèrent quelque chose *pro remedio animæ*, pour le soulagement de l'âme. Lamartine n'eût-il que ce titre à vous présenter, quelle récompense serait trop haute pour lui ?

Il n'est cependant pas tout entier contenu dans le poète. Mazarin a dit : *Qui a le cœur a tout.* Quand il eut gagné le cœur de la nation, Lamartine voulut obtenir le reste. Il devint député, orateur, historien, publiciste. Pour exprimer ses sentiments, il avait employé une langue qui avait marqué sa place à côté de Racine. Pour exprimer ses idées, il en employa une qui le mit entre Bossuet, Fénelon, Rousseau et Chateaubriand. Avant lui, la poésie française n'avait jamais eu la souplesse ample, la sonorité pénétrante qu'il lui donna. Notre littérature ne connaissait pas non plus avant lui cette prose opulente, à la fois épanchée et ferme malgré ses abandons, rapide et nourrie malgré ses négligences, spontanée et précise malgré son jet, qui a tour à tour le mot altier, le coup de foudre, l'onction, la grâce, le pittoresque, la hauteur, au milieu d'un flot, d'une abondance, d'un nombre, d'un mouvement que Cicéron lui-même n'a pas connus. Lamartine n'a-t-il pas encore en cela bien mérité de son pays ? La beauté de notre langue n'est-elle pas en effet autant, sinon plus, que la force de nos armes, la cause de notre suprématie et de notre prestige? J'écris en langue française l'histoire de mon pays, disait un Italien du XIIIe siècle, « parce qu'elle est plus délectable à lire « et à oïr que nulle autre ». Et Joseph de Maistre, ne trouvant pour en exprimer la puissance qu'une image empruntée au fier pinceau d'Isaïe, disait : « La parole de ce peuple est « une conjuration, et la moindre opinion qu'elle « lance est un bélier poussé par des millions « d'hommes. »

Que nous gagne le conquérant d'une province? Quelques milliers d'hommes. Ce sont des millions d'hommes aujourd'hui et pendant des siècles que nous gagne l'écrivain qui perfectionne notre langue. Et quelle ne sera pas la force d'expansion de ce conquérant pacifique, s'il manie la langue parlée avec autant de sécurité et d'éclat que la langue écrite, et s'il peut, comme Lamartine, après avoir tenu la plume sévère de l'historien, la plume rapide du journaliste ou du causeur, monter à la tribune et y faire entendre des accents dont l'Europe entière retentira !

Les procédés à l'aide desquels les orateurs agissent sur les hommes réunis sont très divers. Les uns entraînent par l'impétuosité ou la profondeur de la passion, les autres par l'agrément spirituel ou la clarté facile du récit, les autres par la perfection harmonieuse du langage et la beauté soutenue de la diction, d'autres par la justesse ou la nouveauté des aperçus; ceux-ci par la force et la dialectique, ceux-là par la promptitude et le mordant des reparties; les uns instruisent, les autres amusent, les autres touchent; celui-ci s'insinue, celui-là s'impose; tel convainc sans plaire, tel plaît sans convaincre; de temps à autre, quelques-uns se produisent qui savent employer tour à tour ces moyens divers suivant l'auditoire, le sujet, le temps.

Lamartine charmait par la sérénité grandiose de ses pensées et par les splendeurs poétiques de l'imagination. Solennel plutôt qu'ému, grave plutôt que pathétique, il s'avançait avec une majesté qui eût été monotone, s'il n'avait mis dans la pensée le mouvement qui manquait à son action oratoire, un peu uniforme. En lui, comme dans Crassus, le célèbre orateur de Rome, l'effort était dans l'âme et non dans la voix: *Animi magna, vocis parva contentio.* Aussi ses harangues n'ont-elles rien à redouter du temps; elles lui résisteront, et la postérité ne se lassera pas de puiser dans ces chefs-d'œuvre : elle y trouvera le bon sens élevé jusqu'au lyrisme!

L'orateur ne fut comme l'écrivain, comme le poète, qu'une préparation à l'homme d'État. Ici il faudrait s'étendre, et je ne le puis. Il est des monuments dont on ne découvre les belles proportions qu'en s'éloignant à une certaine distance. Il en va ainsi des hommes politiques illustres : la mort seule les place à la distance d'où on peut les apercevoir en entier et les juger. Je n'entrerai donc dans aucun détail sur la vie publique de Lamartine, je ne le louerai pas d'avoir compris que la politique moderne ne serait plus uniquement la science de l'équilibre constitutionnel. mais surtout celle de la charité sociale; d'avoir servi la cause non des passions du peuple, mais de ses droits et de ses intérêts légitimes; d'avoir défendu la liberté sous sa forme la plus matérielle, la liberté commerciale sous sa forme la plus spiritualiste, la liberté religieuse; de s'être attaché d'une inflexible volonté à la cause de la paix et d'avoir appelé la guerre de son vrai nom en disant qu'elle était la plupart du temps le secret des empiriques dans l'embarras ; d'avoir abattu à ses pieds le drapeau de la violence, signé les décrets glorieux qui ont institué le suffrage universel, aboli la peine de mort en matière politique, l'esclavage, la contrainte par corps, l'exposition publique, les châtiments corporels dans la flotte ; d'avoir, au milieu des périls et des responsabilités qui rendaient soucieux les plus braves, laissé tomber à tout propos, sans y prendre garde, de ses lèvres souriantes, des mots héroïques que Plutarque eût recueillis.

Malgré l'effort que je dois m'imposer pour glisser sur tous ces souvenirs, désirant ne froisser personne, je ne m'y arrêterai pas. Je demande seulement la permission de dire, sans engager l'opinion d'aucun de mes collègues de la Commission, que la véritable originalité de Lamartine en politique, c'est qu'il a été le créateur d'une école qu'on peut célébrer, car elle ne comptera jamais trop d'adeptes : celle de la magnanimité et de la grandeur d'âme. Supérieur aux entraînements, aux rancunes, aux vengeances des partis, uniquement asservi à la justice, avide des solutions et dédaigneux des expédients, modéré non par timidité de cœur mais par étendue d'esprit, élevé et non utopique, audacieux et non chimérique, tolérant dans un temps dont le mal principal est l'intolérance, comprenant tout sauf la platitude et l'égoïsme, conservateur mais non routinier, il a su, quoique très sensible, lui aussi, aux délicieuses sensations du sourire de la multitude, s'offrir, quand cela fut nécessaire, aux impopularités que doit affronter quiconque, dans ses conceptions, regarde à l'avenir autant qu'au présent; et quoique bien persuadé, selon ses expressions, que « le pouvoir est au bout du compte le bout des idées », il plaça toujours l'honneur au-dessus des honneurs selon le conseil de Montesquieu. « La fortune, « a-t-il écrit, s'est réservé une large part dans « la destinée des hommes, indépendamment de « leur valeur. Elle a quelquefois voulu que « l'abbé Dubois fût à Versailles et que Fénelon « fût à Cambrai. En politique, l'homme fait le « rôle sans doute ; mais c'est la Providence qui « fait la pièce. Quand la pièce n'appelle pas « l'homme, il faut savoir rester hors de la scène « et se contenter d'un rôle qui est peut-être le « plus beau des rôles, dans un pays où la liberté « se fonde et où il y a plus d'ambition que « de vertu publique : — le rôle du citoyen. »

Comme il s'attacha aux choses elles-mêmes plus qu'à leurs formes changeantes, et qu'il plaça la volonté nationale au-dessus de ses préférences dogmatiques, on l'a accusé de mobilité : en réalité, il est resté toute la vie dévoué aux mêmes principes, et dès le premier jour il découvrit, de son regard perçant, le but vers lequel il n'a jamais cessé de tendre. Il a vécu presque toujours isolé ; il ne le sera pas dans l'histoire ; il siégera au milieu des hommes d'Etat qui sont, selon ce qu'il a dit lui-même d'un de ses pairs, les preuves de la prodigalité de la nature et de la hauteur du genre humain.

Qu'il se soit trompé quelquefois, pourquoi le nierai-je ? Et qui d'ailleurs a mieux indiqué que lui-même où et comment il avait failli ? « Il « y a longtemps, a-t-il écrit à la fin de la pré- « face de ses œuvres complètes, il y a long- « temps que la dernière racine de toute vanité « littéraire ou politique est séchée en moi « comme si elle n'y avait jamais germé. Je ne « me crois ni classique en poésie, ni infaillible « en histoire, ni toujours irréprochable en « politique. Quand je repasse mes œuvres ou « ma vie, je me juge moi-même avec plus de

« justice, mais avec autant de sévérité que
« peuvent le faire mes ennemis. Pourquoi?
« Parce que je me juge non devant les hommes,
« mais devant Dieu, dont la lumière fait res-
« sortir toutes les taches. Je trouve à cette sé-
« vérité même un plaisir amer : le plaisir que
« fait à l'âme la justice exercée même contre
« soi. Il faut être impitoyable envers ses pas-
« sions, ses faiblesses ou ses fautes, pour mé-
« riter d'être pardonné ici-bas et absous là-
« haut ! »

La Commission a été unanime à rendre hommage au talent incomparable du poète dont les œuvres seront un honneur éternel pour la littérature française. Mais une minorité de quatre voix a pensé qu'il n'y avait lieu d'adopter ni le principe ni la forme de la loi; elle a proposé d'allouer à M. de Lamartine une pension viagère de 30 000 francs réversible, jusqu'à concurrence de 10 000 francs, sur la tête de sa nièce, Mme Valentine de Cessiat, qui, par sa tendresse filiale, est la consolation, le soutien et le charme de sa vieillesse.

La majorité n'a pas cru qu'on pût offrir une pension viagère à celui qui approche de quatre-vingts ans, et elle a pensé, en outre, que l'assistance qui ne serait pas accordée à titre de récompense nationale, en supposant qu'elle ne fût pas légalement impossible, pourrait être considérée comme une humiliation et non comme un hommage. Instruite cependant des préoccupations d'un grand nombre de nos collègues, d'accord avec le Conseil d'Etat, elle a cherché la forme qui était de nature à leur donner satisfaction. Elle croit y être parvenue. L'augmentation du capital a été motivée par le désir d'assurer un intérêt annuel suffisant et aussi de rendre tout à fait efficace le concours que nous attendons de la munificence nationale en faveur de Lamartine.

Un sentiment de délicatesse que vous partagerez nous interdit d'insister sur ces détails. Il est des choses qui, dans une assemblée française, ne se disent jamais qu'à mi-voix. Nous espérons que vous sanctionnerez nos résolutions. Nous vous le demandons avec instance. Ah! si chacun de vous pouvait pénétrer, ne fût-ce qu'un instant, dans cette triste demeure vers laquelle la foule ne se dirige plus depuis longtemps, dont le seuil n'est plus franchi que par d'anciens amis, par quelques disciples fidèles qui n'ont pas oublié les encouragements donnés à la jeunesse, et par quelques nobles femmes qui viennent briller là comme le rayon consolateur des dernières heures; si vous pouviez contempler, courbé sous les coups que ne cesse de lui porter la main des hommes plus encore que sous le poids des années, sans repos et sans joie, esclave d'un travail incessant, torturé par les préoccupations et les anxiétés, malheureux autant qu'un être humain puisse l'être sur cette misérable terre, et cependant toujours haut, doux, bienveillant et ferme; si vous pouviez contempler dans son épreuve suprême celui que tant de splendeurs ont entouré, qui a fait battre tant de cœurs et répandre tant de larmes, celui que tant de bouches ont acclamé et tant de mains applaudi : j'en suis sûr quels que puissent être vos scrupules et vos griefs, vous les oublieriez et il n'y aurait plus de place dans vos âmes remuées, que pour une douloureuse émotion. Vous accorderiez avec élan, par sympathie pour une telle infortune, ce que d'autres, comme votre rapporteur, vous demandent au nom d'une admiration respectueuse et reconnaissante.

Lorsque les rois de Perse, a écrit un jour Chateaubriand à Lamartine lui-même, rencontraient sur leur route un palmier vénérable par son antiquité, ils descendaient de cheval et ils y suspendaient un collier d'or. Lorsque l'Empereur a pris spontanément l'initiative du projet de loi dont nous vous proposons l'adoption, il a fait devant l'homme vénérable par son génie comme les rois de Perse devant le palmier vénérable par son antiquité. En cela il a cru n'être que généreux : il a été habile. On ne fonde rien par l'esprit d'exclusion et de rancune ; et désormais aucun édifice ne durera s'il n'est assez haut et assez vaste pour abriter, sans distinction d'origine, tous ceux qui ont été ou qui sont les gloires de la patrie!

PROJET DE LOI

Relatif à une récompense nationale à accorder à M. de Lamartine.

NOUVELLE RÉDACTION

ADOPTÉE PAR LA COMMISSION ET LE CONSEIL D'ÉTAT

ARTICLE UNIQUE

Il est accordé, à titre de récompense nationale, à M. Alphonse de Lamartine, une somme de cinq cent mille francs (500 000 fr.), exigible à son décès et dont les intérêts à 5 pour 100 lui seront servis pendant sa vie.

Cette somme, en principal et intérêts, sera incessible et insaisissable jusqu'au décès de M. de Lamartine.

ÉVREUX, IMPRIMERIE CH. HÉRISSEY ET FILS

www.ingramcontent.com/pod-product-compliance
Ingram Content Group UK Ltd.
Pitfield, Milton Keynes, MK11 3LW, UK
UKHW020553180726
13838UKWH00001B/208